Lernprotokoll/Inhaltsverzeichnis

Führen Sie bitte regelmäßig das Lernprotokoll.

In die Spalte Selbsteinschätzung schreiben Sie bitte, wie Sie mit den Arbeitsaufgaben zurechtgekommen sind und ob Sie die links genannten Aufgaben nun beherrschen bzw. welche Probleme noch bestehen.

W0192501

Haben Sie das gelernt?	Selbsteinschätzung	Arbeitsblätter	Seite
• Schrift mit WordArt gestalten • Form geben • Ziehpunkte nutzen	_____ _____ _____	**4. Einheit** **Arbeitsblatt:** Gestaltung von Einstiegsseiten mit WordArt **Erster Teil der Lernkartei**	14–15 16
• Arbeiten mit Einzügen • Arbeiten mit dem Tabstopp • Rückgängig-Button nutzen	_____ _____ _____	**5. Einheit** **Arbeitsblatt:** Setzen von Einzügen und Tabulatoren **Text:** Die Geschichte mit dem Hammer	17–18
• Arbeiten mit dem Tabstopp • Linien einfügen • Rahmen und Schattierungen auswählen	_____ _____ Nach der 6. Einheit können die Klausuren 1. A–D geschrieben werden.	**6. Einheit** **Arbeitsblatt:** Schreiben von Rezepten am PC **Text:** Rezepte für Obstsalat und Bananenmilch	19–20
• Angaben nummerieren • Symbole einfügen • Schriftzeichen verändern	_____ _____	**7. Einheit** **Arbeitsblatt:** Schreiben von Briefen am PC **Text:** Entschuldigungsschreiben **Zweiter Teil der Lernkartei**	21–22 23
• Diagammtools für die Gestaltung von Diagrammen nutzen • Diagramm-Vorlagen abändern	_____	**8. Einheit** **Arbeitsblatt:** Erstellen von Diagrammen	24–25
• ClipArt-Grafiken auswählen • ClipArt-Grafiken einfügen • Veränderung der Größe der Grafiken	_____ _____ _____	**9. Einheit** **Arbeitsblatt:** Einfügen von Illustrationen aus ClipArt-Grafiken	26

Haben Sie das gelernt?	Selbsteinschätzung	Arbeitsblätter	Seite
• Papierformat für Seiten ändern • Tabellen erstellen und Tabellenraster gestalten • Zeilen in eine Tabelle einfügen und löschen • Angaben in einer Tabelle sortieren	_____ _____ _____ _____	**10. Einheit** **Arbeitsblatt:** Tabellen erstellen **Text:** Anschriftenliste für unsere Klasse **Text:** Checkliste für die Hygiene	27–30
• Textfelder einfügen • Tabellen mit Rahmen und Schattierung gestalten • Zellen verbinden • Textausrichtung	_____ _____ _____	**11. Einheit** **Arbeitsblatt:** Erstellen einer Nährwerttabelle **Text:** Nährwerttabelle **Text:** Stundenplan für den Unterricht in der Berufsschule	31–32
	_____	**Dritter Teil der Lernkartei**	33
• Formatauswahl für Etiketten • Etiketten beschriften • Etiketten gestalten und drucken	_____ _____ _____	**12. Einheit** **Arbeitsblatt:** Erstellen von Etiketten **Text:** Etiketten	34–35
• Ordner erstellen • Dateien verschieben bzw. Dateien in Ordnern speichern • Dateien löschen • Dateien und Ordner umbenennen • Suchmaschinen im Internet nutzen • Grafiken aus dem Internet in Ordnern speichern	_____ _____ _____ _____ _____ _____	**13. Einheit** **Arbeitsblatt:** Wir schaffen Ordnung mit Ordnern **Informations-/Arbeitsblatt:** Internetrecherche – Wir suchen Bilder (Grafiken) für die Gestaltung einer Menükarte für das Weihnachtsmenü	36–39

LERNPROTOKOLL/INHALTSVERZEICHNIS

3

4

Haben Sie das gelernt?	Selbsteinschätzung	Arbeitsblätter	Seite

Internet

• E-Mail-Adresse anlegen • E-Mail öffnen • E-Mail ohne und mit Anhang verschicken		**19. Einheit** **Arbeitsblatt**: Anlegen und Benutzen einer E-Mail-Adresse	55–56
• Texte aus dem Internet kopieren, speichern und verschicken • Download von Freeware • Eigene Webseite erstellen		**20. Einheit** **Arbeitsblatt**: Speichern von Informationen aus dem Internet **Informations-/Arbeitsblatt**: Meine persönliche Webseite	57–59

Nährwertprogramm

• Programmstart durchführen • Hilfetexte benutzen • Energie- und Nährstoffwerte ermitteln • Angaben in eine Word-Tabelle übertragen		**21. Einheit** **Arbeitsblatt**: Ermittlung des Energiebedarfs und Nährstoffbedarfs von Personen	60–63
• Das Körpergewicht mit dem BMI überprüfen • Informationen aus dem Internet zum BMI holen		**22. Einheit** **Arbeitsblatt**: Überprüfung des Körpergewichts verschiedener Personen	64–65
• Das Gewicht von Portionen ermitteln • Das Volumen von Portionen ermitteln		**23. Einheit** **Arbeitsblatt**: Wiegen und Messen von Lebensmittelportionen und Getränkeportionen	66–67

Anhand des Inhaltsverzeichnisses auf der Seite 6 können die Schülerinnen und Schüler ihr Lernprotokoll mit der Spalte Selbsteinschätzung selbst erstellen.

Nach der 29. Einheit können die Klausuren 3. A–D
geschrieben werden.

Nach der 35. Einheit kann die 4. Klausur
geschrieben werden.

Sachwortverzeichnis nur im Schülerband HT 4808

Klausuren

Menüband mit Registerkarten

Menüband

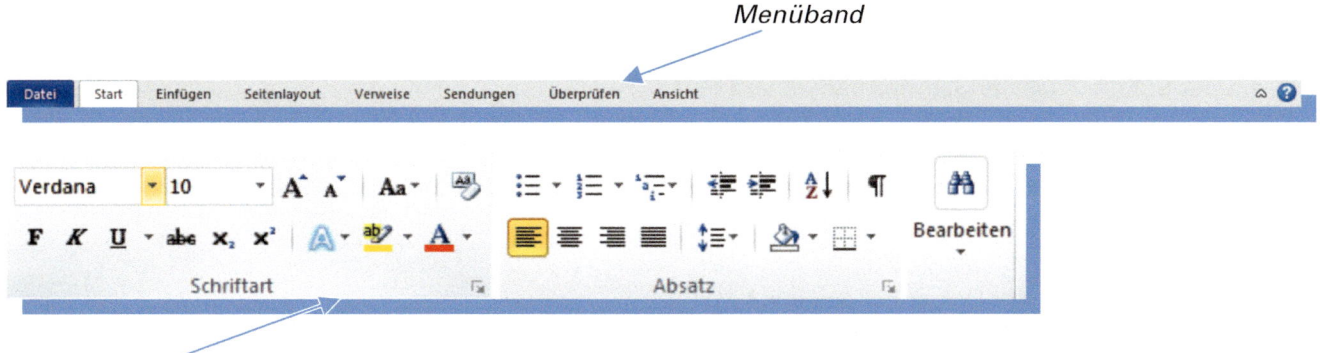

Registerkarte Start

So sehen das Menüband und die Registerkarte *Start* beim Hochfahren von Word aus.

Außerdem befindet sich links oben eine Symbolleiste für den **Schnellzugriff**, die durch weitere Funktionen ergänzt werden kann.

Übersicht: Registerkarten (Auswahl)

Start: Hier sind Funktionen zu finden, mit denen das Aussehen verändert werden kann, z.B. *Schriftart* und *Absatz*.

Datei: Beinhaltet Befehle wie *Speichern*, *Öffnen*, *Neu*, *Drucken*.
Unter *Neu* sind auch für spezielle Aufgaben vorgefertigte Dokumente zu finden.

Einfügen: Hier sind Funktionen zu finden, mit denen Grafiken, Tabellen, WordArt usw. in das Dokument eingefügt werden können.

Seitenlayout: Hier sind Funktionen zur Seitengestaltung, z.B. Hoch- und Querformat, zu finden.

Sendungen: Hier sind z.B. Funktionen zum Drucken von Etiketten oder Serienbriefen zu finden.

Überprüfen: Hier sind Korrekturfunktionen, z.B. Rechtschreibprüfung, zu finden.

Ansicht: Hier sind Funktionen zur Änderung der Bildschirmansicht zu finden.

Nutzung der Elemente der Registerkarten

① 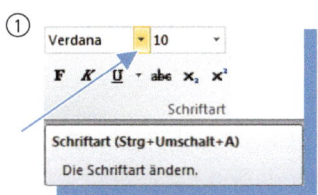 Durch das Klicken auf einen Pfeil, z.B. rechts neben der Schriftart, erhält man verschiedene Schriftarten zur Auswahl.

② 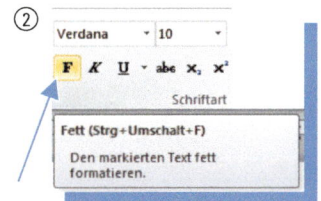 Durch das Klicken auf ein Symbol wird die jeweilige Funktion des Symbols sofort ausgeführt.

③  In manchen Funktionsgruppen gibt es zweigeteilte Schaltflächen, z.B. Bearbeiten: *Suchen*, *Ersetzen*, *Markieren*.

④  Neben manchen Funktionsgruppen gibt es rechts unten einen Pfeil, z.B. neben Absatz, der ein neues Dialogfenster öffnet.

Dokumente erstellen und speichern

Arbeitsauftrag:

1. Schreiben Sie im Textverarbeitungsprogramm Word die Überschrift und den ersten Absatz der „Computerraumordnung" ab. Vgl. S. 9.

2. Markieren Sie das Wort „Computerraumordnung" und gestalten Sie dieses mit der Schrift *Arial*, der Schriftgröße *18* und *Fett*.

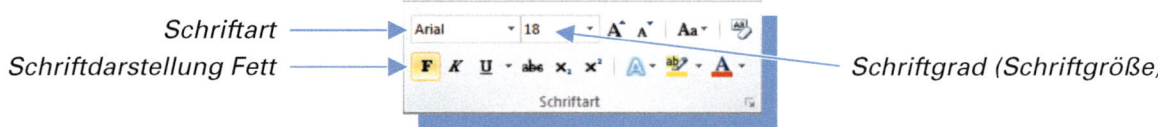

Schriftart ⟶ Arial · 18 · A˄ A˅ Aa˅

Schriftdarstellung Fett ⟶ F K U · abe x₂ x² A· aby· A·

Schriftart

Schriftgrad (Schriftgröße)

3. Speichern Sie dann Ihr Dokument das erste Mal:
   Klicken Sie dazu im Menüband auf *Datei*
   und im Pulldown-Menü auf *Speichern unter*.
   Ein neues Dialogfenster erscheint.
   Sie speichern das Word-Dokument nun unter *Dokumente*.

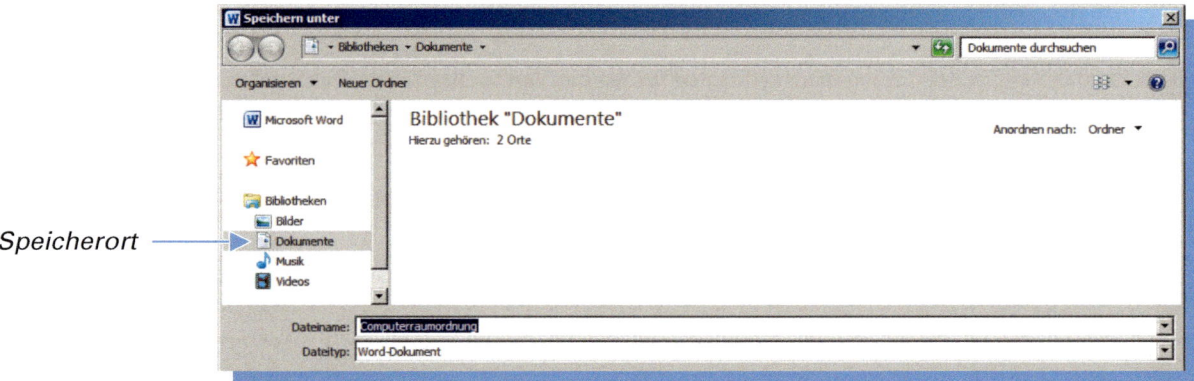

Speicherort

4. Notieren Sie den Dateinamen, der nach dem Speichern oben in der Mitte des Bildschirms erscheint. Dateiname: <u>Computerraumordnung.docx</u>   .

5. Schreiben Sie danach den Text „Computerraumordnung" vollständig ab. Drücken Sie hierbei nie die Enter-Taste [↵]. Sie schreiben den Text also ab, ohne sich um die Zeilenenden und Absätze zu kümmern.

6. Speichern Sie zwischendurch regelmäßig Ihr Dokument.

7. Ergänzen Sie den folgenden Satz:
   Beim Zwischenspeichern klicke ich <u>auf das Symbol Diskette in der Symbolleiste für den</u>
   <u>Schnellzugriff</u>   .

8. Wenn Sie den Text vollständig abgeschrieben und gespeichert haben, schließen Sie Ihr Word-Dokument, indem Sie
   <u>auf das rechte weiße Kreuz klicken</u>   .

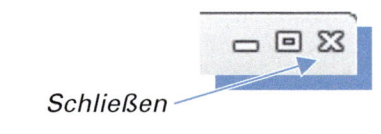

Schließen

9. Öffnen Sie nun erneut Ihr Word-Dokument *Computerraumordnung.docx*
   Die Abbildung zeigt Ihnen einen möglichen Weg.

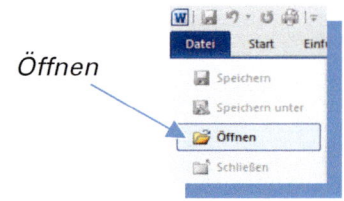

Öffnen

10. Beschreiben Sie nun auf diesem Arbeitsblatt, wie Sie Ihr Word-Dokument *Computerraumordnung.docx* wieder geöffnet haben.

   <u>Unterschiedliche Antworten sind möglich, da das Symbol Öffnen jetzt auch in der Symbolleiste</u>

   <u>für den Schnellzugriff stehen kann</u>   .

Computerraumordnung

Alle Hauswirtschafterinnen und Hauswirtschafter, die in einem Computerraum der Schule arbeiten, verpflichten sich, sorgfältig mit den Computern und sonstigen Einrichtungsgegenständen umzugehen.

Zu Beginn des Unterrichts vergewissern Sie sich, dass Ihr Computerarbeitsplatz in Ordnung ist. Sie überprüfen, ob Folgendes vorhanden ist:
Computer
Bildschirm
Tastatur
Maus
Mousepad
Stuhl

Fehlt etwas von diesen Gegenständen oder gibt es sonstige Beanstandungen (eventuelle Beschädigungen, Schmierereien oder Verschmutzungen), so melden Sie dies der Lehrerin oder dem Lehrer vor Arbeitsbeginn mit dem Computer.

Treten während der Arbeit am Computer Schäden oder Fehler auf, so sollen Sie die Lehrerin oder den Lehrer ebenfalls sofort darüber unterrichten.

Essen und Trinken ist im Computerraum nicht gestattet. Getränke und alles Essbare bleiben in der Schultasche. Kaugummis sind ebenfalls verboten.

Abfälle und **Papierreste** gehören in die dafür vorgesehenen **Abfalleimer** und nicht auf den Boden oder die Computertische.

Das Kopieren und Weitergeben von Programmen von den Schulcomputern ist streng verboten. Alle Computerprogramme, die Sie außerhalb der Schule benutzen, müssen gekauft werden, sonst droht eine Geldstrafe oder mehr.

Es dürfen nur die Computerprogramme benutzt werden, die von der Lehrerin oder dem Lehrer zur Benutzung freigegeben sind. Die Internetbenutzung muss ebenfalls jeweils von der Lehrerin oder dem Lehrer ausdrücklich genehmigt werden.

An dem Computer arbeitet jede Hauswirtschafterin/jeder Hauswirtschafter selbstständig und führt die jeweiligen Arbeitsaufträge gewissenhaft durch. Die evtl. benutzten USB-Sticks für die Computer verbleiben in der Schule.

Seiten ausdrucken dürfen Sie nur, wenn die Lehrerin oder der Lehrer Sie dazu auffordert.
Unerlaubte Ausdrucke von Computerdokumenten oder Internetseiten
verbleiben in der Schule und müssen von Ihnen selbst bezahlt werden.

Nach dem Unterricht ist der Computerraum ordnungsgemäß zu verlassen. Computer ordnungsgemäß ausschalten. Die Tastatur und den Stuhl wieder zurückstellen.

*Hiermit bestätige ich, dass ich diese **Computerraumordnung** zur Kenntnis genommen habe und mich danach richten werde.*

_____, den _____

Name und Klasse: _____

Anmerkung für die Lehrkraft: Bei Texteingaben an Ihrem PC bzw. an denen der Schülerinnen und Schüler kann es zu jeweils anderen Laufweiten der Schrift kommen, da dies Dokument mit einem anderen Schreibprogramm erstellt wurde. Dies gilt auch für die folgenden Texte.

Dokumente gestalten – formatieren – Form geben

Arbeitsauftrag:

1. Öffnen Sie Ihr Dokument *Computerraumordnung.docx*

2. Überprüfen Sie die Rechtschreibung, indem Sie im Menüband auf *Überprüfen* und dann in der Registerkarte *Dokumentprüfung* auf *Rechtschreibung und Grammatik* klicken.

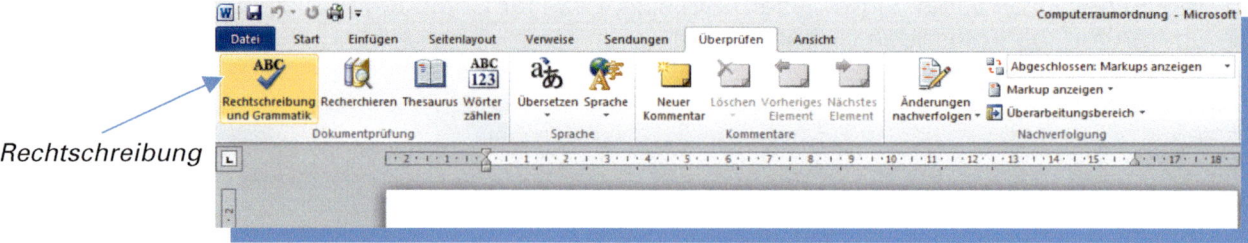

Rechtschreibung

3. Klicken Sie im Menüband auf *Seitenlayout* und in der Registerkarte *Seite einrichten* auf *Silbentrennung* und im Pulldown-Menü auf *Automatisch*.

4. Fügen Sie entsprechend der Vorlage, vgl. S. 9, Absätze in den Text „Computerraumordnung" ein:
Beispiel: Gehen Sie mit dem Mauszeiger hinter das Wort „umzugehen" und drücken Sie die Enter-Taste [⏎] zweimal.

5. Fügen Sie durch gleichzeitiges Drücken der Hochstell-Taste [⇧] und der Taste mit den Strichen [-] die Linien in den letzten Absatz ein.

6. Speichern Sie zwischendurch regelmäßig das Dokument.

7. Für die weitere Gestaltung muss man zunächst den Text, den man verändern will, markieren.
Übung: Markieren Sie das Wort „Mousepad"
Markieren Sie den Absatz „Das Kopieren …"
Markieren Sie den Satz „Seiten ausdrucken dürfen Sie nur, …"

Tipps für das Markieren

Sie markieren	indem Sie
ein ganzes Wort	Mauszeiger links neben das Wort, zweimal die Taste F8 drücken.
eine ganze Zeile	links neben der Zeile klicken
einen ganzen Satz	Mauszeiger links neben den Satz, dreimal die Taste F8 drücken.
einen Textabsatz	Mauszeiger links oben neben dem Absatz, viermal die Taste F8 drücken.
das gesamte Dokument	fünfmal die Taste F8 drücken

8. Gestalten – formatieren – Sie die folgenden Wörter entsprechend dieser Angaben:
- **Kursiv:** Computer, Bildschirm, Tastatur, Maus, Mousepad, Stuhl
- **Kursiv:** Hiermit bestätige ich, …
- **Unterstrichen, Fett:** Abfälle, Papierreste, Abfalleimer
- **Fett:** Computerraumordnung (im letzten Absatz)
- **Schriftart:** Times New Roman, 14, **und Fett:** Unerlaubte Ausdrucke von Computerdokumenten oder Internetseiten
- **Fett und kursiv:** Absatz: Das Kopieren oder Weitergeben …

Formatiersymbole

9. Speichern Sie das Dokument *Computerraumordnung.docx*

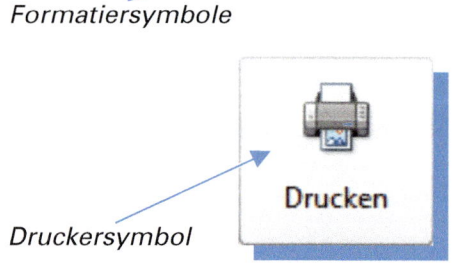

10. Drucken Sie die Datei *Computerraumordnung* aus, indem Sie in der Symbolleiste für den Schnellzugriff oder unter *Datei/Drucken* auf das Druckersymbol klicken.

Druckersymbol

Dokumente gestalten – weiterer Übungstext

Arbeitsauftrag:

1. Öffnen Sie ein neues Dokument. Speichern Sie dieses unter *methode*

2. Schreiben und gestalten Sie den folgenden Text entsprechend der Vorlage mit den Ihnen bereits bekannten Möglichkeiten und zusätzlich mit verschiedenen Farben.

Methode des selbstständigen beruflichen Handelns

Informieren

Die *Auszubildende* hinterfragt den Arbeitsauftrag:
<u>Was soll getan werden?</u>
<u>Was muss ich dafür wissen?</u>
Dann werden selbstständig allein oder zusammen mit anderen Auszubildenden die dafür benötigten Informationen aus Fachbüchern, technischen Unterlagen, Rezepten
im Gespräch mit dem Ausbilder ermittelt.

Planen

Die *Auszubildende* erstellt einen Arbeitsplan:
<u>Welche Arbeitsschritte sind notwendig?</u>
In welcher Reihenfolge sind diese durchzuführen?
Welche Werkzeuge und Hilfsmittel werden benötigt?
Wie viel Zeit wird dafür benötigt?

Entscheiden

Die *Auszubildenden* entscheiden nun gemeinsam mit dem Ausbilder
<u>über die Durchführung</u> des Plans.

Durchführen

Die *Auszubildende* führt den Arbeitsauftrag selbstständig <u>nach dem Arbeitsplan</u> durch.

Kontrollieren

Die *Auszubildende* <u>kontrolliert selbst ihr Arbeitsergebnis</u>,
z. B. mithilfe folgender Fragestellungen:
War der Arbeitsplatz richtig eingerichtet?
Erfolgten die Arbeitsschritte in der richtigen Reihenfolge?
War die benötigte Arbeitszeit angemessen?
Entspricht das Endergebnis dem Plan?

Bewerten

Auszubildende und *Ausbilder* <u>bewerten das Arbeitsergebnis</u>.
Was ist besonders gut gelungen?
Was kann nächstes Mal besser gemacht werden?

Tipp: Gestalten mit Farbe

Markieren Sie das Wort, das Sie farblich gestalten wollen.
Klicken Sie im Menüband auf *Start* und dann in der Registerkarte Schriftart
auf den Pfeil rechts neben dem **A** und wählen Sie eine Farbe aus.

Wenn Sie auf den Pfeil neben dem blauen 𝔸 klicken,
können Sie weitere Texteffekte auswählen.

Farbe wählen

Texteffekte wählen

Dokumente korrigieren und formatieren

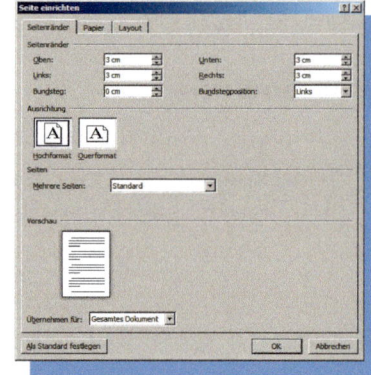

Arbeitsauftrag:

1. Öffnen Sie ein neues Word-Dokument und speichern Sie dieses unter *sonnenschein*

2. Nun sollen Sie die Seite einrichten, d.h., die Seitenränder und Ähnliches werden festgelegt. Sie sollen alle Seitenränder auf 3 cm erweitern. Klicken Sie dazu im Menüband auf *Seitenlayout* und in der Registerkarte *Seite einrichten* auf den Pfeil neben *Seitenränder* und im Pulldown-Menü auf *Benutzerdefinierte Seitenränder...*. Geben Sie in dem neuen Fenster hinter *Oben:*, *Unten:* sowie *Links:* und *Rechts:* jeweils eine *3* vor cm ein.

3. Bestätigen Sie die Eingabe dann mit *OK*.

4. Schreiben Sie den Text „Haus Sonnenschein" mit der Schrift *Times New Roman*, Schriftgröße *12* vollständig ab.

5. Richten Sie die Absätze des Textes so aus: Markieren Sie den ersten Absatz und den Absatz „Die Chefin" und klicken Sie auf das Symbol *Blocksatz* in der Registerkarte *Absatz*. Markieren Sie zuerst die Überschrift, später den Absatz „Die Auszubildenden" und klicken Sie jeweils auf das Symbol *Zentriert* in der Registerkarte *Absatz*. Markieren Sie den Absatz „Die Gesellin" und klicken Sie auf das Symbol *Rechtsbündig* in der Registerkarte *Absatz*.

6. Erproben Sie die Textausrichtungsbefehle noch an den weiteren Absätzen des Textes.

7. Kopieren Sie den Absatz „Die Chefin" an das Ende des Dokuments.

8. Ändern Sie den Zeilenabstand für den Absatz „Die Chefin" auf *1,5 Zeilen*. Vgl. S. 13.

Haus Sonnenschein

Haus „Sonnenschein" ist eine Seniorenresidenz, in der 50 Seniorinnen und Senioren ihren Lebensabend verbringen. Das Team des Hauses „Sonnenschein" kommt also jeden Tag mit diesen Menschen zusammen. Die Versorgung und Betreuung steht im Vordergrund der Arbeit des Teams. Aber auch im Team muss alles stimmen. Die Bewohner können sich im Haus „Sonnenschein" nur wohlfühlen, wenn die Atmosphäre im Team angenehm ist. Zum Team gehören die Chefin (hauswirtschaftliche Betriebsleiterin), die Gesellin (Hauswirtschafterin), ein Geselle (Hauswirtschafter), eine Hauswirtschaftshelferin, die Auszubildende Heike Fix und der Auszubildende Ole Frey.

Die Chefin

Nach ihrer Ausbildung als Hauswirtschafterin war sie einige Jahre in einer Tagungsstätte als Hauswirtschafterin tätig, bevor sie zwei Jahre lang eine hauswirtschaftliche Fachschule besuchte. Nach einem Jahr hätte sie die Schule auch als staatlich geprüfte Wirtschafterin verlassen können. Sie hat dann nach zwei Jahren die Prüfung zur staatlich geprüften hauswirtschaftlichen Betriebsleiterin abgelegt.

Die Auszubildenden

Heike Fix und Ole Frey sind stolz, sie haben einen Ausbildungsvertrag im Haus „Sonnenschein" bekommen.
Heike ist 16 Jahre alt und die Hauptschulzeit liegt hinter ihr. Sie hat ein gutes Abschlusszeugnis bekommen, und der Lehrer wollte sie überreden, eine weiterführende Schule zu besuchen.
Aber Hauswirtschafterin war schon immer der Traumberuf von Heike, denn sie findet es faszinierend, unterschiedliche Menschen zu versorgen und zu betreuen.

Die Gesellin

Sie hat im Haus „Sonnenschein" ihre Ausbildung gemacht und ist hier nun seit zwei Jahren als Hauswirtschafterin tätig. Sie ist überwiegend in der Großküche des Betriebes tätig.

Der Geselle

Er hat seine Ausbildung in einem landwirtschaftlichen Betrieb absolviert. Seit einem Jahr ist er nun im Haus „Sonnenschein" tätig und vor allem für die Hausreinigung und -pflege verantwortlich.

Die Hauswirtschaftshelferin

Sie ist gehörlos und hat eine spezielle dreijährige Ausbildung durchlaufen. Im Haus „Sonnenschein" arbeitet sie im Bereich Textilreinigung und Textilpflege.

Tipps für das Kopieren und Verschieben

Sie sollen den Absatz: „Die Chefin" an das Ende
des Dokuments kopieren.
Hierfür müssen Sie zunächst den Absatz
„Die Chefin" markieren.
Dann klicken Sie auf die rechte – nicht wie gewohnt
auf die linke – Maustaste.
Jetzt wird ein neues Menü sichtbar.
Klicken Sie hier auf *Kopieren*.
Setzen Sie nun den Mauszeiger an das Ende des Textes,
wo der Absatz hinkopiert werden soll.
Klicken Sie dann wiederum auf die rechte Maustaste
und auf eine der Einfügeoptionen.

Nun muss der alte Absatz „Die Chefin" gelöscht werden.
Hierzu müssen Sie den alten Absatz „Die Chefin"
erneut markieren. Danach drücken Sie die Entf-Taste [*Entf*]
und der Absatz ist verschwunden.

So geht es auch: Sie können den Absatz auch markieren und dann die rechte Maustaste
drücken und den Absatz durch den Befehl *Ausschneiden* entfernen. Danach setzen Sie
den Mauszeiger an die gewünschte Stelle und fügen hier den Absatz wieder ein.

Erproben Sie das Kopieren nochmals mit dem Absatz „Die Auszubildenden".

markierter Text

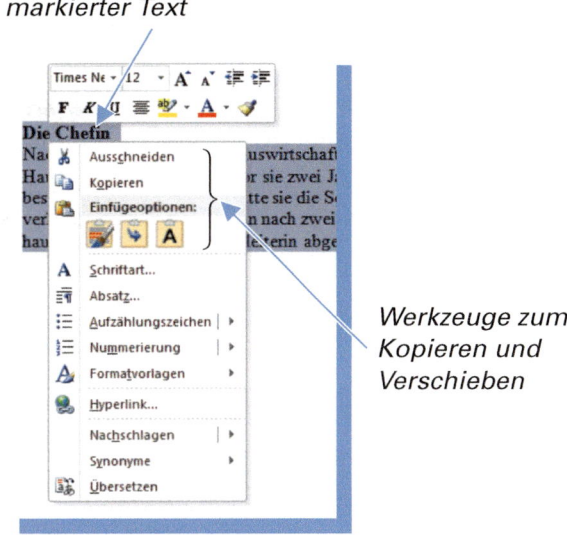

*Werkzeuge zum
Kopieren und
Verschieben*

Tipp für das Ausrichten von Texten

Nun sollen Sie die **Textausrichtungsbefehle in** *Start*/Registerkarte *Absatz* erproben.
Sie haben folgende Bedeutungen:
1) Linksbündig,   2) Zentriert,   3) Rechtsbündig,   4) Blocksatz

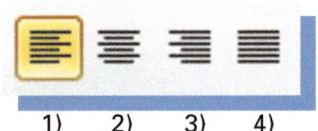

1)   2)   3)   4)

Der Text erscheint jeweils
wie mit den Symbolen angezeigt.

> *Weitere Möglichkeiten
> für die Gestaltung finden
> Sie unter dem*
> *rechts neben dem Wort
> Schriftart.*

Tipp für das Ändern des Zeilenabstands

Wenn Sie den Zeilenabstand eines Textabschnittes ändern wollen, markieren Sie den Textabschnitt. Danach
klicken Sie im Menüband auf *Start* und in der Registerkarte *Absatz* auf den Pfeil rechts unten.
Es öffnet sich ein neues Dialogfenster.
Hier wählen Sie den gewünschten Zeilenabstand aus.

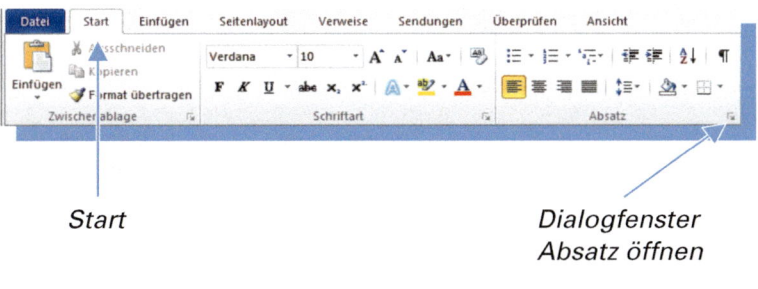

Start

*Dialogfenster
Absatz öffnen*

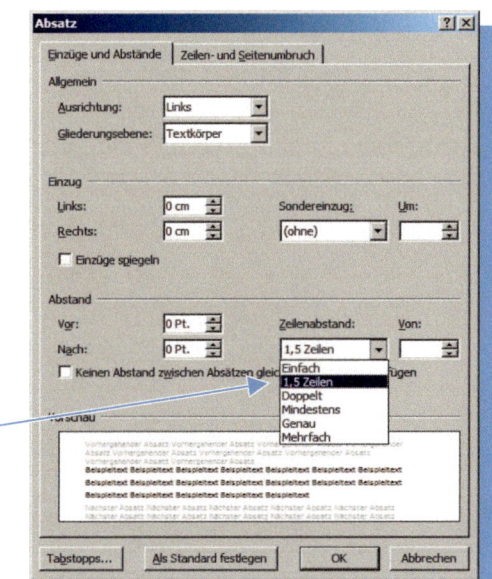

*Zeilen-
abstand:
1,5 Zeilen*

Gestaltung von Einstiegsseiten mit WordArt

Arbeitsauftrag:

Gestalten Sie für Ihren Ordner je eine Einstiegsseite für die Lernfelder mit *WordArt*.

Lernfelder in der Ausbildung zur Hauswirtschafterin und zum Hauswirtschafter

1. Ausbildungsjahr
Berufsausbildung mitgestalten
Güter und Dienstleistungen beschaffen
Waren lagern
Speisen und Getränke herstellen
Wohn- und Funktionsbereiche reinigen und pflegen
2. Ausbildungsjahr
Personengruppen verpflegen
Textilien reinigen und pflegen
Wohnumfeld und Funktionsbereiche gestalten
Personen individuell wahrnehmen und beobachten
3. Ausbildungsjahr
Personen zu unterschiedlichen Anlässen versorgen
Personen individuell betreuen
Produkte und Dienstleistungen vermarkten
Hauswirtschaftliche Arbeitsprozesse koordinieren

Beispiele: Schriftgestaltung mit WordArt

Tipps für das Schreiben und Gestalten mit WordArt

Klicken Sie im Menüband auf *Einfügen* und in der Registerkarte *Text* auf *WordArt*.
Wählen Sie die gewünschte Darstellung aus.

Nun wird ein Textfeld in das Dokument eingefügt.

Überschreiben Sie den Text in dem Textfeld.

Der Text kann nun weiter gestaltet werden.
Klicken Sie dazu auf *Zeichentools/Format*.

Markieren Sie jetzt den Text und klicken Sie
auf *Textfüllung*. Hier wählen Sie eine Farbe
für die Textfüllung und einen Farbverlauf aus.

Einen farbigen Verlauf der Schrift erhalten Sie,
indem Sie im Dialogfenster *Textfüllung* auf
Farbverlauf und im nächsten Dialogfenster
auf *Weitere Farbverläufe…* klicken.

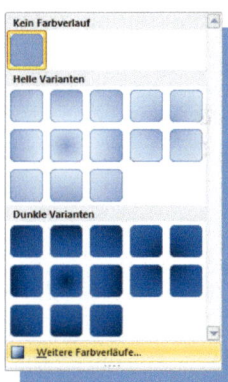

Im neuen Dialogfenster klicken Sie dann rechts
auf *Farbverlauf/Voreingestellte Farben* und
wählen einen Farbverlauf aus.

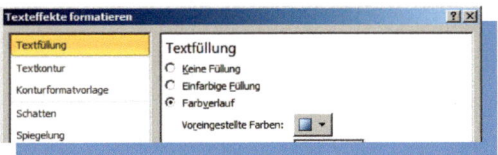

Klicken Sie dann in der Registerkarte *WordArt-Formate*
auf *Texteffekte* und wählen Sie unter *Transformieren*
eine Darstellungsform für den Text aus.

Die Größe des WordArt-Textes lässt sich
über die Ziehpunkte am äußeren Rand verändern.

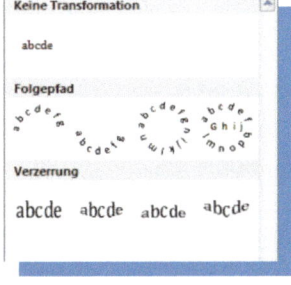

Erproben Sie noch die anderen Schaltflächen in den WordArt-Registerkarten.

Schieben Sie danach den Text an die gewünschte Stelle auf der Einstiegsseite.

Drucken Sie die Seite aus und verfahren Sie genauso bei der Gestaltung der
weiteren Einstiegsseiten für Ihren Ordner.

Erster Teil der Lernkartei

Arbeitsauftrag:

1. Öffnen Sie ein neues Word-Dokument. Speichern Sie dieses unter *lernkartei*

2. Schreiben Sie den folgenden Text ab und ergänzen Sie dabei die fehlenden Textteile.

Öffnen eines Word-Dokuments

Ein Word-Dokument öffne ich, indem ich in der Symbolleiste für den Schnellzugriff auf das Symbol Öffnen klicke.

Erstmaliges Speichern eines Word-Dokuments

Wenn ich ein Word-Dokument erstmalig speichere, muss ich einen Dateinamen und einen Speicherort, z.B. Dokumente, auswählen, wo das Word-Dokument gespeichert werden soll.

Zwischenspeichern eines Word-Dokuments

Beim Zwischenspeichern eines Word-Dokuments muss ich nur auf die Diskette in der Symbolleiste für den Schnellzugriff klicken.

Schließen eines Word-Dokuments

Beim Schließen eines Word-Dokuments klicke ich mit gedrückter linker Maustaste auf das weiße Kreuz in der rechten oberen Ecke des Bildschirms.

Einrichten einer Seite

Wenn ich die Seitenränder oder Ähnliches in einem Word-Dokument ändern will, klicke ich im Menüband auf Seitenlayout und in der Registerkarte Seite einrichten auf den Pfeil rechts unten. Nun erscheint ein neues Dialogfenster, in dem ich z.B. die Seitenränder auf 3 cm verändern kann.

Auswahl der Schriftart und der Schriftgröße

In der Registerkarte Schriftart kann ich die Schriftart und die Schriftgröße auswählen. Die Namen dreier Schriftarten lauten: Arial, Times New Roman und Univers.

Rechts neben den Schriftarten befindet sich ein Feld, in dem ich die Schriftgröße auswählen kann. Die kleinste angegebene Schriftgröße ist 8 und die größte angegebene Schriftgröße ist 72.

Gestalten des Textes: fett, kursiv, unterstrichen und mit Farbe

Zum Gestalten eines Textes muss ich diesen zunächst markieren.

Dafür bewege ich den Mauszeiger mit gedrückter linker Maustaste über das Wort bzw. den Text.

Soll der Text fett erscheinen, klicke ich auf das Symbol mit dem F.

Soll der Text kursiv erscheinen, klicke ich auf das Symbol mit dem K.

Für einen unterstrichenen Text klicke ich auf das Symbol mit dem unterstrichenen U.

Soll der Text farbig erscheinen, klicke ich auf den Pfeil rechts neben dem A und wähle eine Farbe aus.

Ausrichten eines Textes: linksbündig, zentriert, rechtsbündig, Blocksatz

Auch hierbei muss ich den Text, den ich verändern will, zunächst markieren.

Für den Blocksatz klicke ich auf das Ausrichtungssymbol ganz rechts.

Für einen zentrierten Text klicke ich auf das zweite Ausrichtungssymbol.

Kopieren von Texten: Auch beim Kopieren von Texten muss ich diese zunächst markieren. Danach klicke ich auf die rechte Maustaste und dann auf Kopieren. Nun setze ich den Mauszeiger an die Stelle, wo ich den Text hinkopieren will. Hier klicke ich wieder auf die rechte Maustaste und dann auf eine der Einfügemöglichkeiten.

Löschen von Texten: Ich markiere den Text, den ich löschen will, und dann drücke ich die Entf-Taste.

Setzen von Einzügen und Tabulatoren

Arbeitsauftrag:

1. Falls an Ihrem Computer das Lineal unter den Symbolleisten von Word nicht zu sehen ist, klicken Sie im Menüband auf *Ansicht* und in der Registerkarte *Anzeigen* auf *Lineal*. Das Lineal erscheint. Der Tabstopp und die linken und rechten Einzüge sind nun zu erkennen.

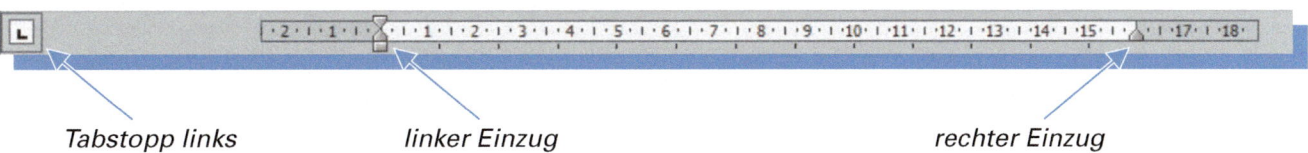

Tabstopp links   linker Einzug   rechter Einzug

2. Schreiben Sie den folgenden Text ab und speichern Sie ihn unter *hammer*

Die Geschichte mit dem Hammer
Ein Mann will ein Bild aufhängen. Den Nagel hat er, nicht aber den Hammer. Der Nachbar hat einen. Also beschließt unser Mann, hinüberzugehen und ihn auszuborgen.
Doch da kommt ihm ein Zweifel: Was, wenn der Nachbar mir den Hammer nicht leihen will? Gestern schon grüßte er mich nur so flüchtig. Vielleicht war er in Eile. Aber vielleicht war die Eile nur vorgeschützt, und er hat etwas gegen mich. Und was?
Ich habe ihm nichts angetan; der bildet sich da etwas ein. Wenn jemand von mir ein Werkzeug borgen wollte, *ich* gäbe es ihm sofort. Und warum er nicht?
Wie kann man einem Mitmenschen einen so einfachen Gefallen abschlagen? [. . .]
Bloß weil er einen Hammer hat.
Jetzt reicht's mir wirklich. – Und so stürmt er hinüber, läutet, der Nachbar öffnet, doch bevor er „Guten Tag" sagen kann, schreit ihn unser Mann an:
„Behalten Sie Ihren Hammer, Sie Rüpel!"

(P. Watzlawick, Anleitung zum Unglücklichsein)

3. Der Text des ersten Absatzes soll bis auf die erste Zeile links 2 cm eingezogen werden. Markieren Sie den ersten Absatz und bewegen Sie nur das untere Dreieck des linken Einzugs nach rechts bis zur 2 auf dem Lineal.

4. Der zweite Absatz soll links vollständig 2 cm eingezogen werden. Markieren Sie den zweiten Absatz und bewegen Sie das Rechteck des linken Einzugs nach rechts bis zur 2 auf dem Lineal.

5. Der dritte Absatz soll links vollständig 4 cm eingezogen werden.

6. Der restliche Text soll links vollständig 1 cm eingezogen werden.

Nun sieht der Text so aus:
Die Geschichte mit dem Hammer
Ein Mann will ein Bild aufhängen. Den Nagel hat er, nicht aber den Hammer. Der Nachbar hat
      einen. Also beschließt unser Mann, hinüberzugehen und ihn auszuborgen.
      Doch da kommt ihm ein Zweifel: Was, wenn der Nachbar mir den Hammer nicht leihen
      will? Gestern schon grüßte er mich nur so flüchtig. Vielleicht war er in Eile. Aber
      vielleicht war die Eile nur vorgeschützt, und er hat etwas gegen mich. Und was?
            Ich habe ihm nichts angetan; der bildet sich da etwas ein. Wenn jemand von
            mir ein Werkzeug borgen wollte, *ich* gäbe es ihm sofort. Und warum er
            nicht?
   Wie kann man einem Mitmenschen einen so einfachen Gefallen abschlagen? [. . .]
   Bloß weil er einen Hammer hat.
   Jetzt reicht's mir wirklich. – Und so stürmt er hinüber, läutet, der Nachbar öffnet, doch bevor er
   „Guten Tag" sagen kann, schreit ihn unser Mann an:
   „Behalten Sie sich Ihren Hammer, Sie Rüpel!"

(P. Watzlawick, Anleitung zum Unglücklichsein)

Tipps für das Setzen von Einzügen und Tabulatoren

Arbeiten mit dem linken Einzug:

Markieren Sie zunächst einen Absatz, der eingezogen werden soll.

 **Oberes Dreieck:** Wenn Sie nun das obere Dreieck des linken Einzugs mit gedrückter linker Maustaste nach rechts bewegen, wird nur die erste Zeile des Absatzes nach rechts eingezogen.

 **Unteres Dreieck:** Wenn Sie das untere Dreieck des linken Einzugs mit gedrückter Maustaste nach rechts bewegen, werden alle Zeilen des Absatzes bis auf die erste Zeile nach rechts eingezogen.

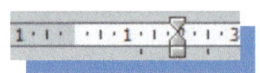 **Rechteck:** Wenn Sie das Rechteck des linken Einzugs mit gedrückter Maustaste nach rechts bewegen, wird der gesamte Text des Absatzes nach rechts eingezogen.

Was tun, wenn es nicht so klappt, wie Sie möchten?

Rückgängig-Button: Dann klicken Sie so oft auf den Rückgängig-Button, bis alle Veränderungen widerrufen sind. Mit diesem Button können Sie alle vorgenommenen Veränderungen im Text rückgängig machen.

Rückgängig-Button

Arbeiten mit dem Tabstopp:

Setzen eines Tabstopps links: Zunächst sollten Sie überprüfen, ob der linke Tabstopp ausgewählt ist. Falls dies nicht der Fall sein sollte, klicken Sie so oft auf das Symbol, bis der gewünschte Winkel erscheint. Nun kann der linke Tabstopp gesetzt werden.

Klicken Sie hierfür mit dem Mauszeiger an der Stelle auf das Lineal, wo der Text beginnen soll. Entsprechend können Sie weitere linke Tabstopps setzen.

Löschen eines Tabstopps: Setzen Sie den Mauszeiger auf einen Winkel im Lineal. Drücken Sie die linke Maustaste und ziehen Sie den Winkel aus dem Lineal.

Setzen eines Tabstopps rechts: Klicken Sie mit dem Mauszeiger so oft auf das Symbol, bis ein solcher Winkel zu sehen ist. Jetzt können Sie einen rechten Tabstopp setzen.

Arbeitsauftrag:

1. Setzen Sie einen Tapstopp bei 2 cm, einen Tabstopp bei 3 cm und einen weiteren Tabstopp bei 5 cm.

2. Schreiben Sie nun mithilfe der Tab-Taste [ ] den folgenden Text ab. Jeder Pfeil bedeutet, dass hier die Tab-Taste [ ] gedrückt wurde.

    →   1. → Stunde → Englisch
    →   2. → Stunde → Deutsch
    →   3. → Stunde → EDV
    →   4. → Stunde → Lernfeld 1
    →   5. → Stunde → Lernfeld 1
    →   6. → Stunde → Englisch

Ist doch gar nicht so schwer!!

3. Schreiben Sie eine Liste mit Speisen und dazu passenden Gewürzen und Kräutern und formatieren Sie diese mithilfe der Tab-Taste [ ].

Speisen	Gewürze	Kräuter
Gurkensalat	Salz	Dill
Tomatensalat	Pfeffer	Basilikum
usw.		

Schreiben von Rezepten am PC

Arbeitsauftrag:

1. Schreiben Sie den Text „Obstsalat, Sommer" vom Arbeitsblatt ab und speichern Sie dieses Word-Dokument unter dem Dateinamen *rezepte*

2. Anschließend gestalten Sie das Rezept mithilfe der folgenden Gestaltungstipps.

Obstsalat, Sommer

1 EL Zitronensaft	mit
½ EL Honig	mischen.

1 Pfirsich	waschen, schälen, entkernen, würfeln.
1 Birne	waschen, schälen, entkernen, würfeln.
125 g Weintrauben	waschen, halbieren, entkernen.
100 g Johannisbeeren	waschen, entstielen.

Obst mit der Marinade vorsichtig mischen.

Gestaltungstipps:

Abstände zwischen den Zutaten und Tätigkeiten

Schreiben Sie zunächst das Rezept ohne Abstände zwischen den Zutaten und den Tätigkeiten ab.

Setzen Sie dann den Mauszeiger vor das Wort „mit" und klicken im Menüband auf *Seitenlayout*, in der Registerkarte *Absatz* auf den Pfeil rechts neben *Absatz* und anschließend in dem neuen Dialogfenster links unten auf *Tabstopps…* .

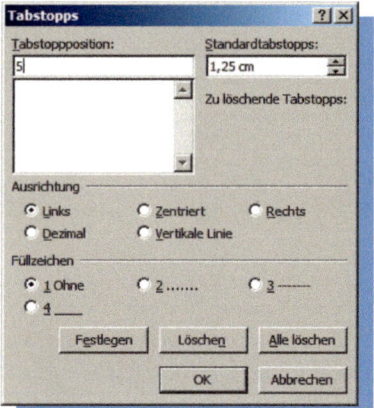

Die nebenstehende Übersicht *Tabstopps* erscheint:

In das Feld *Tabstoppposition:* geben Sie 5 cm ein und bestimmen so den Abstand zwischen den Zutaten und den Tätigkeiten. Klicken Sie auf *OK* und betätigen Sie dann die Tab-Taste [⇆].

Alternativ können Sie mit dem Mauszeiger in das Lineal klicken, vgl. S. 18. Wenn Sie nun die Tab-Taste [⇆] auf der Tastatur drücken, werden die Tätigkeiten genau in diesem Abstand von den Zutaten gesetzt.

In den nächsten Zeilen setzen Sie nun ebenfalls den Mauszeiger vor den weiteren Text und betätigen dann die Tab-Taste [⇆]. Alle Tätigkeiten stehen so im richtigen Abstand untereinander.

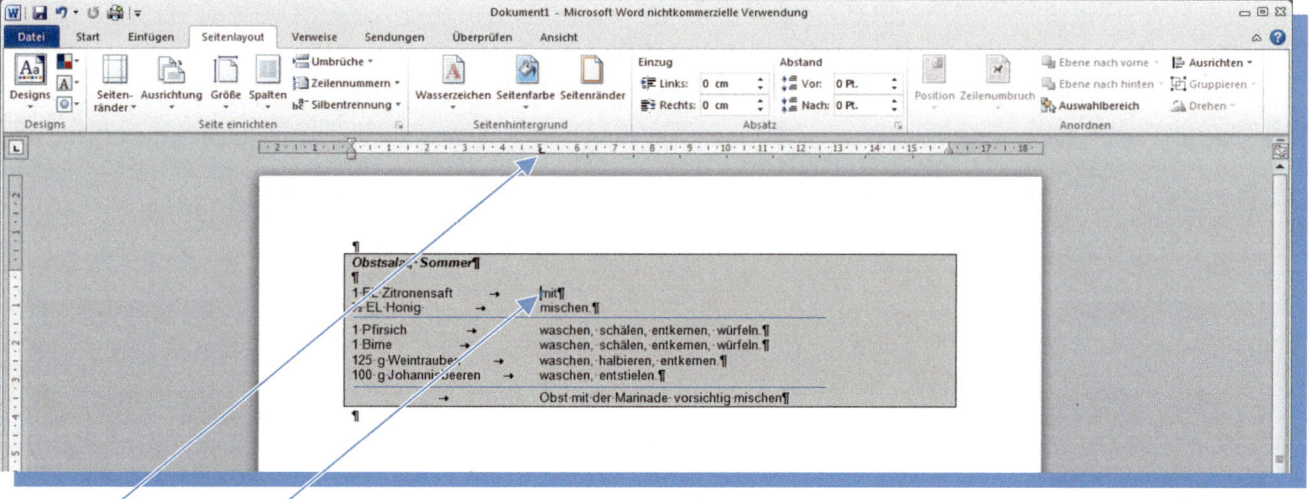

Tabstopp   *Mauszeiger*

Abstände zwischen den Zeilen

Für die beiden größeren Abstände klicken Sie im Menüband auf *Seitenlayout* und in der Registerkarte *Absatz* auf den Pfeil rechts neben *Absatz*.

Ein neues Dialogfenster *Absatz* erscheint.
Den *Zeilenabstand:* stellen Sie dann auf *1,5 Zeilen*.

Einfügen von Linien

Sie klicken im Menüband auf *Einfügen* und in der Reigsterkarte *Illustrationen* auf den Pfeil unter *Formen* und wählen die erste Linie aus.

Am Mauszeiger befindet sich ein Kreuz. Mit dem Mauszeiger können Sie nun eine Linie ziehen.

Danach markieren Sie die Linie und klicken auf den Pfeil unten neben *Formarten*.

In dem neuen Dialogfenster geben Sie die gewünschte Breite für die Linie ein.

Absatzrahmen, Schattierung

Markieren Sie den Text, den Sie einrahmen wollen.

Nun klicken Sie im Menüband auf *Start* und in der Registerkarte *Absatz* auf den Pfeil neben dem Symbol für *Rahmen und Schattierungen* und im Pulldown-Menü auf *Rahmen und Schattierung…*.

Nun öffnet sich ein neues Fenster, in dem Sie die Rahmenart und/oder Schattierung auswählen können.

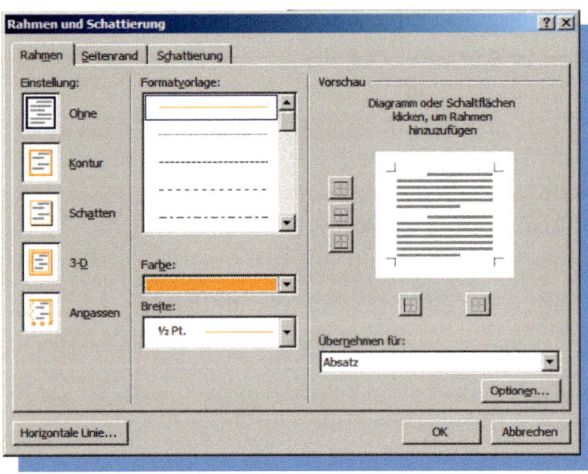

Wählen Sie nun eine Rahmenart, Rahmenfarbe, Rahmenbreite und eine Schattierung aus.

3. Weitere Textgestaltungselemente sind Ihnen ja bereits bekannt.
Wenden Sie diese Kenntnisse bei der Gestaltung der Rezepte an.

Bananenmilch

2 Bananen	schälen, im Mixer oder mit der Gabel zerkleinern, Bananenmus mit
½ l kalter Milch	mischen.
1 EL Zitronensaft	und
Zucker	zum Abschmecken verwenden.

4. Schreiben und gestalten Sie nun das Rezept „Bananenmilch".

5. Nun geht es an die weiteren Rezepte, die Sie mitgebracht haben.

6. Drucken Sie eines Ihrer eigenen Rezepte auch für Ihre Mitschülerinnen und Mitschüler aus.

Schreiben von Briefen am PC

Arbeitsauftrag:

1. Öffnen Sie ein neues Word-Dokument und speichern Sie dies unter *entschuldigung*

2. Schreiben Sie das Entschuldigungsschreiben vom Arbeitsblatt ab und gestalten es mithilfe der unten stehenden Gestaltungstipps.

3. Schreiben und gestalten Sie nun einen eigenen Brief an eine Mitschülerin oder einen Mitschüler Ihrer Wahl.

Frau
Hanna Meier
Hauswirtschafterin
Parade 2
23560 Lübeck   2. April 2012

Entschuldigung

Hiermit möchte ich mein Fehlen am _____ entschuldigen.

Ich hatte leider [1]

      1. sehr starke Kopfschmerzen   ☐

      2. keine Lust   ☐

      3. Treffen mit dem Allerliebsten   ☐

      4. Sondereinsatz im Betrieb   ☐

      5. ?   ☐

Mit freundlichen Grüßen

☺ _____ ☺
      (Unterschrift)

[1] **Anmerkung:** Das Zutreffende habe ich angekreuzt.

Gestaltungstipps

Veränderung der Schriftart und Schriftgröße

Wählen Sie in der Registerkarte *Schriftart* eine Schriftart und eine Schriftgröße aus. Wenden Sie diese auf den zuvor durch Markierung ausgewählten Text an.

Nummerierung und Aufzählung

In dem Schreiben sind die Gründe für das Fehlen nummeriert. Um die Gründe für das Fehlen in Ihrem Schreiben ebenfalls zu nummerieren, setzen Sie den Mauszeiger vor „sehr starke Kopfschmerzen" und klicken dann in der Registerkarte *Absatz* auf das Symbol *Nummerierung* 2), vgl. S. 22. Die Nummer 1 erscheint vor dem Text.

Mit den anderen Gründen für das Fehlen verfahren Sie entsprechend.

Anstelle von Nummern können Sie mit dem ersten Symbol *Aufzählungszeichen* 1) auch Punkte oder andere Zeichen wählen.

Beim Nummerieren und bei der Aufzählung werden die Zeilen jeweils nach rechts verschoben.

Wenn Sie die Zeile wieder weiter links beginnen lassen wollen, klicken Sie auf das *Symbol mit dem Pfeil nach links* 3) – *Einzug verkleinern*.

Mit dem anderen Symbol – *Pfeil nach rechts* 4) – *Einzug vergrößern* – können Sie den Beginn der Zeile weiter nach rechts verschieben.

Symbole für Aufzählung,
Nummerierung und Einzug

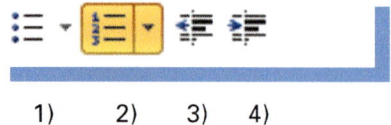

1)   2)   3)   4)

Einfügen von Symbolen bzw. Sonderzeichen

Setzen Sie den Mauszeiger in dem Text an die Stelle, wo ein Symbol eingefügt werden soll. Im Menüband auf *Einfügen*, anschließend auf den Pfeil neben *Symbol* und dann auf *Weitere Symbole...*.

Dann wählen Sie die Schriftart Wingdings aus, die abgebildete Übersicht der vorhandenen Symbole erscheint. Nun suchen Sie ein passendes Symbol aus. Mit einem Doppelklick auf das Symbol wird dies an die Stelle im Text eingefügt, wo sich der Mauszeiger befindet.

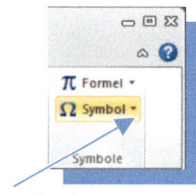

Symbol

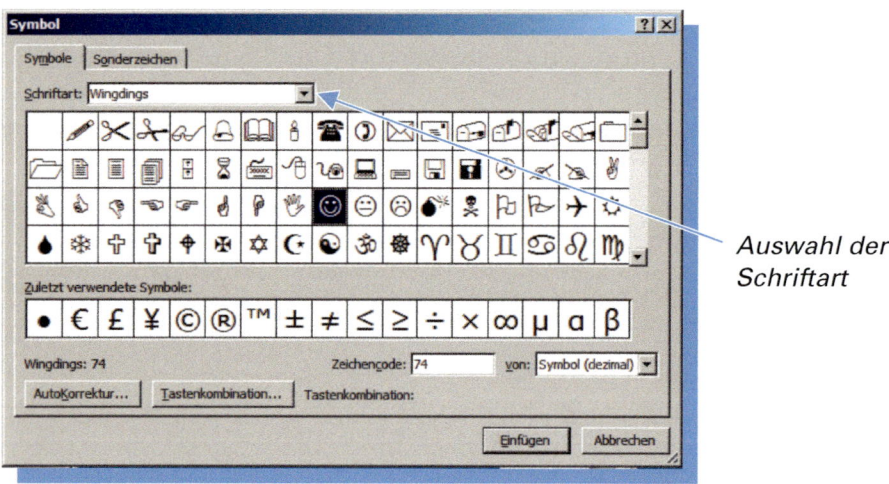

Auswahl der
Schriftart

Für die Textgestaltung gibt es noch weitere Hilfestellungen. Um diese zu nutzen, klicken Sie im Menüband auf *Start* und in der Registerkarte *Schriftart* unten auf den rechten Pfeil. Dann erscheint das folgende Dialogfenster. Sie können hier ebenfalls eine Schriftart usw. auswählen. Außerdem können Sie Buchstaben hoch- oder tiefstellen und Ähnliches. Probieren Sie es einfach ~~EINMAL~~ aus.

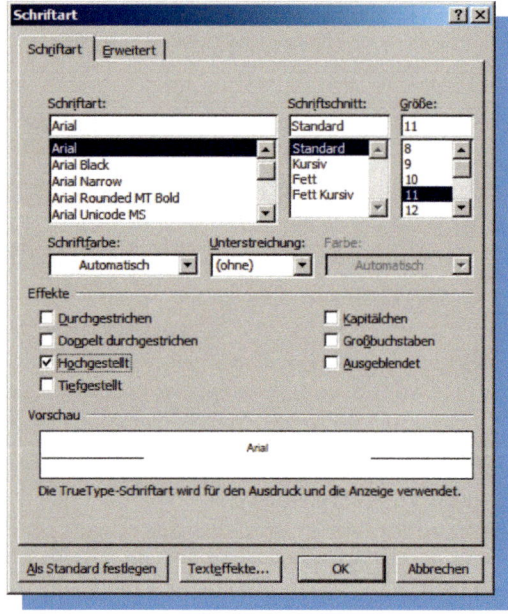

Symbole sagen mehr als Worte!

Zweiter Teil der Lernkartei

Arbeitsauftrag:

Öffnen Sie erneut das Word-Dokument *lernkartei.docx*
und schreiben Sie den folgenden Text zusätzlich in diese Datei.
Ergänzen Sie dabei die fehlenden Textteile.

Setzen eines Tabstopps links

Zunächst überprüfe ich, ob der linke Tabstopp ausgewählt ist. Falls dies nicht der Fall ist, klicke ich so oft auf das Tabstoppsymbol, bis der gewünschte Winkel erscheint. Nun kann der linke Tabstopp gesetzt werden. Ich klicke hierfür mit dem Mauszeiger auf die Stelle des Lineals, z. B. 5, wo der Text beginnen soll.

Abstände zwischen den Zeilen

Für größere Abstände zwischen den Zeilen klicke ich in dem Menüband auf Start und in der Registerkarte Absatz auf den Pfeil rechts unten. Ein neues Fenster öffnet sich, hier kann ich den Zeilenabstand z. B. auf 1,5 Zeilen oder auf Doppelt ändern.

Einfügen von Linien

Zum Einfügen von Linien klicke ich im Menüband auf Einfügen und in der Registerkarte Illustrationen auf Formen und in dem dann erscheinenden Pulldown-Menü auf eine Linie. Mit dem Mauszeiger kann ich nun an der gewünschten Stelle eine Linie ziehen. Nach einem Doppelklick auf die Linie kann ich mithilfe des Abschnitts Formenarten in der Registerkarte die Stärke und Farbe der Linie verändern.

Rahmen, Schattierung

Ich markiere den Text, den ich einrahmen will. Dann klicke ich im Menüband auf Start und in der Registerkarte Absatz auf den Pfeil rechts neben Rahmen und Schattierungen. In dem Pulldown-Menü klicke ich dann auf Rahmen und Schattierung... . Hier kann ich nun eine Rahmenform und eine Schattierung auswählen.

Nummerierung einer Auflistung

Um ein Zeile oder einen Absatz zu nummerieren, setze ich den Mauszeiger vor die zu nummerierende Zeile und klicke dann in der Registerkarte Absatz auf das Symbol Nummerierung mit den Zahlen. Die Nummer 1 erscheint nun vor der Zeile. Mit den folgenden Zeilen verfahre ich ebenso. Anstelle Nummern kann ich auch Aufzählungszeichen für Gliederungen auswählen. Beim Nummerieren werden die Zeilen jeweils nach rechts verschoben. Wenn die Zeile wieder links beginnen soll, klicke ich auf das Symbol Einzug verkleinern, das ist das Symbol mit dem Pfeil nach links. Mit dem anderen Symbol mit dem Pfeil nach rechts kann ich den Einzug vergrößern.

Einfügen von Symbolen

Ich setze den Mauszeiger an die Stelle im Text, an der ein Symbol eingefügt werden soll. Im Menüband klicke ich dann auf Einfügen und in der Registerkarte auf Symbol und im Pulldown-Menü auf Weitere Symbole... . Dann erscheint eine Übersicht mit unterschiedlichen Symbolen. Nun suche ich ein passendes Symbol aus. Mit einem Doppelklick auf das Symbol wird dies an der Stelle in den Text eingefügt, an der sich der Mauszeiger befindet.

Weitere Möglichkeiten der Textgestaltung

Für die Textgestaltung gibt es noch weitere Hilfestellungen. Hierzu klicke ich im Menüband auf Start und in der Registerkarte Schriftarten auf den Pfeil rechts unten. Ein neues Fenster erscheint, in dem ich weitere Schriftveränderungen auswählen kann. Hier gibt es z. B. die Möglichkeit, Buchstaben oder Zahlen hochgestellt oder tiefgestellt erscheinen zu lassen.

Erstellen von Diagrammen

Arbeitsauftrag:

1. Öffnen Sie ein neues Word-Dokument. Speichern Sie dies unter *diagramm*

2. Erstellen Sie **Stabdiagramme**, vgl. Seite 26, zum Nährstoffgehalt von Lebensmitteln pro 100 g.
   Zander: Eiweiß 19 g, Fett 1 g, Kohlenhydrate 0,3 g
   Kartoffeln: Eiweiß 2 g, Fett 0,3 g, Kohlenhydrate 15 g
   Bananen: Eiweiß 1 g, Fett 0,2 g, Kohlenhydrate 15 g
   Vollmilch: Eiweiß 3,5 g, Fett 3,5 g, Kohlenhydrate 5 g

3. Erstellen Sie ein **Kreisdiagramm**, vgl. Seite 26, zum täglichen Wasserverbrauch
   von Personen in Deutschland: Baden, Duschen 45 l, Toilette 34 l, Wäsche waschen 15 l,
   Geschirr spülen 7 l, Reinigen und Putzen 6 l, Kochen, Getränke 5 l und Garten 2 l.

Tipps zur Gestaltung:

Klicken Sie im Menüband auf *Einfügen* und in der Registerkarte *Illustrationen* auf *Diagramm*.

In dem neuen Fenster wählen Sie die passende Vorlage aus und klicken dann auf *OK*.

Nun überschreiben Sie in der rechten Tabelle die Bezeichnungen und die Zahlen.
Es erfolgen automatisch Änderungen in der Darstellung der Diagramme.

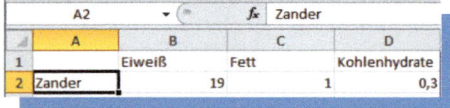

Falls die Diagrammtools nicht geöffnet sind, können Sie diese durch einen Doppelklick mit
gedrückter linker Maustaste auf das Diagramm öffnen.

Als Diagrammtools stehen folgende Optionen zur Auswahl: *Entwurf*, *Layout* und *Format*.

Unter *Entwurf* können Sie die Daten bearbeiten oder eine weitere Diagrammformatvorlage auswählen.

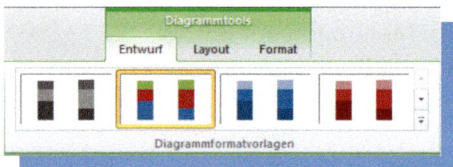

Unter *Layout* können Sie z.B. einen Titel – z.B. Wasserverbrauch – oder eine Beschriftung der Achsen
auswählen. Hier können Sie z.B. die Legende (Beschriftung) Eiweiß, Fett, Kohlenhydrate
für den Nährstoffgehalt nach oben bringen.

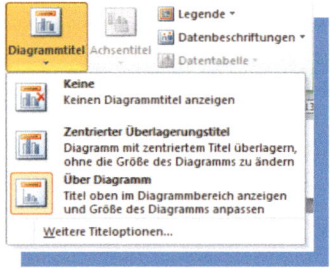
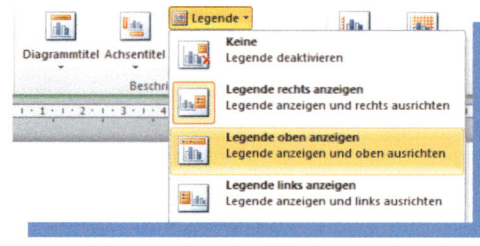

Unter *Format* können Sie z.B. die Farben der einzelnen Abschnitte der Diagramme verändern.
Hierzu markieren Sie den Abschnitt des Diagramms, dessen Farbe verändert werden soll,
dann klicken in der Registerkarte *Formenarten* auf *Fülleffekt* und in dem Pulldown-Menü auf die
gewünschte Farbe.

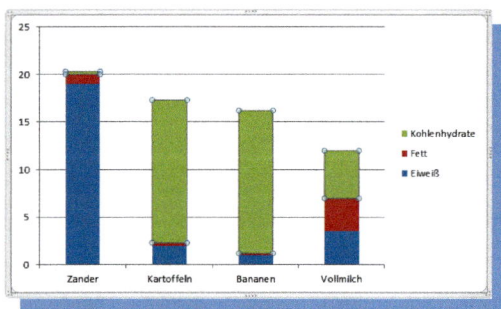

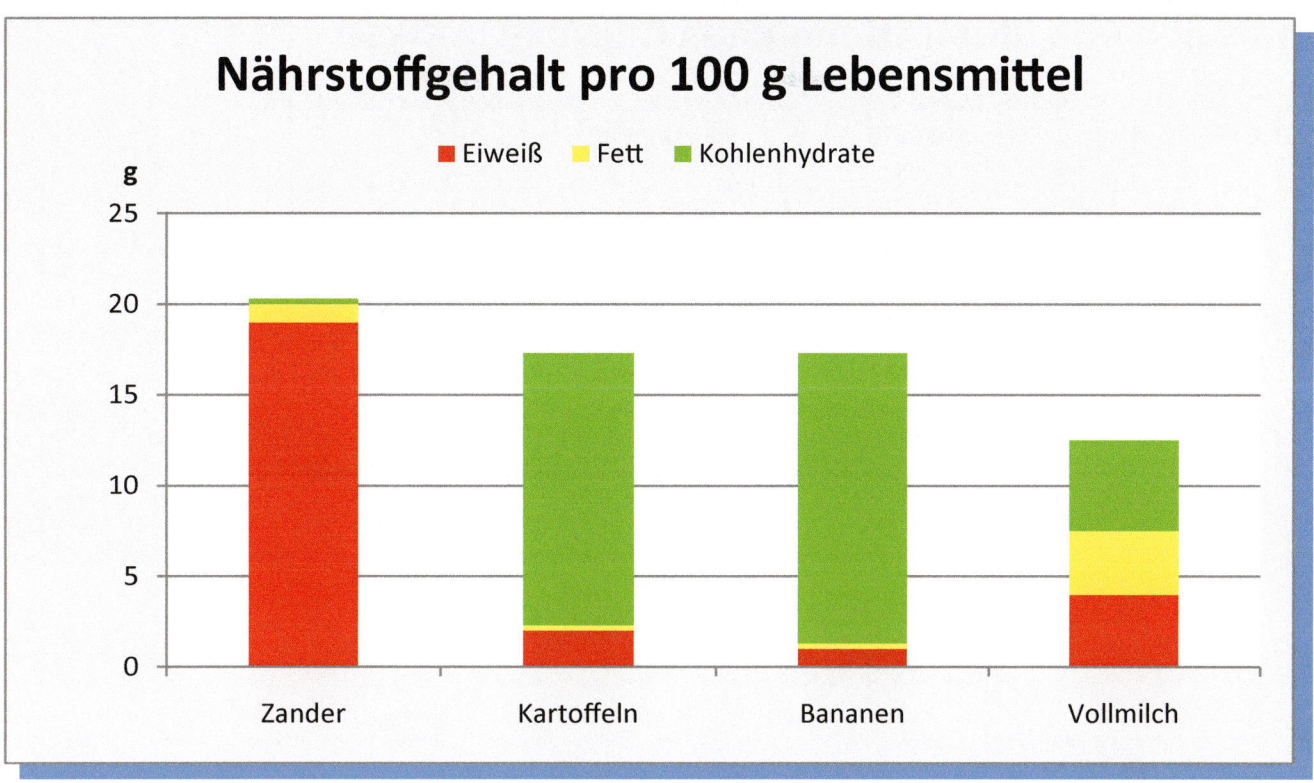

Nährstoffgehalt pro 100 g Lebensmittel

■ Eiweiß ■ Fett ■ Kohlenhydrate

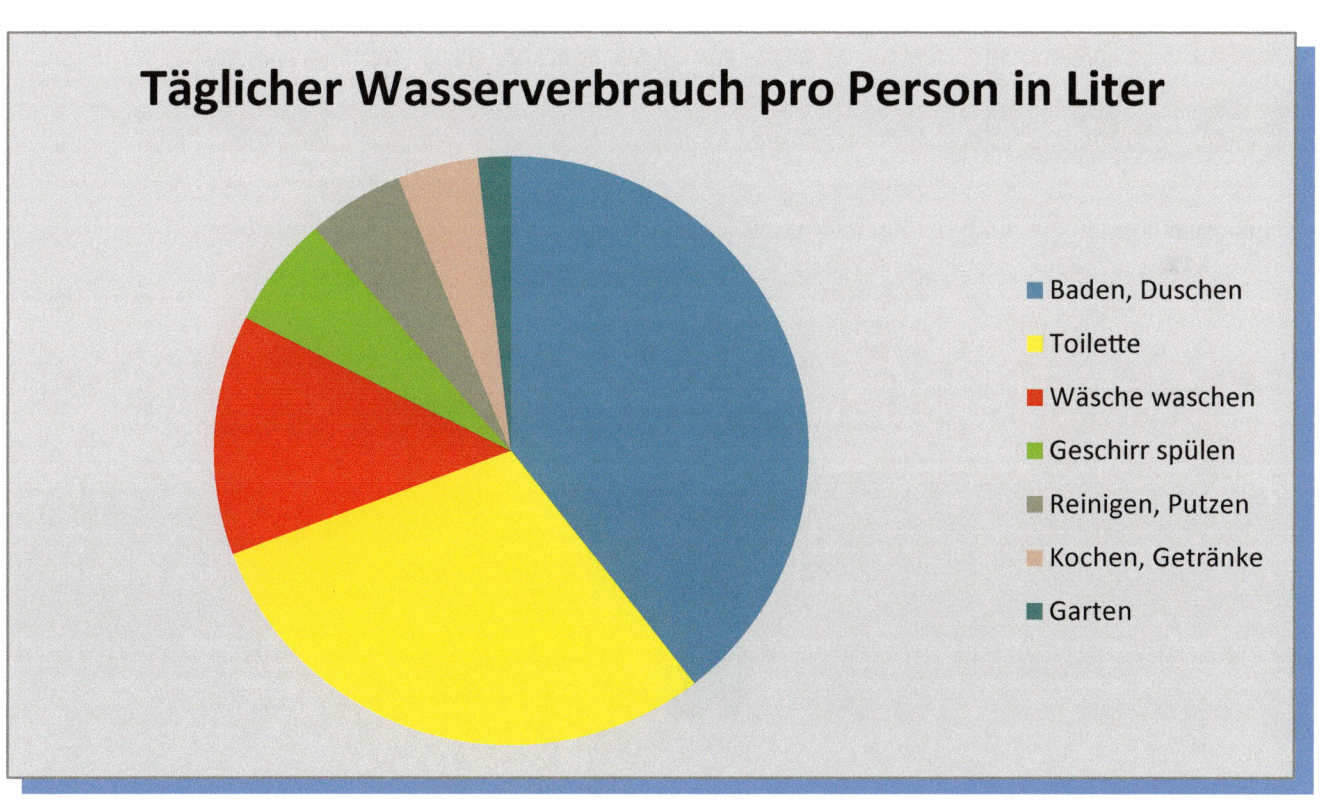

Täglicher Wasserverbrauch pro Person in Liter

■ Baden, Duschen
■ Toilette
■ Wäsche waschen
■ Geschirr spülen
■ Reinigen, Putzen
■ Kochen, Getränke
■ Garten

Einfügen von Illustrationen aus ClipArt-Grafiken

Zum Einfügen von ClipArt-Grafiken in ein Dokument klicken Sie zunächst im Menüband auf *Einfügen* und in der Registerkarte *Illustrationen* auf *ClipArt*.

Einfügen   *ClipArt*

Auf der rechten Seite erscheint nun eine neue Übersicht, in der Sie nach ClipArt-Grafiken zu einem bestimmten Thema suchen können. Sie können z. B. ClipArt-Grafiken zum Thema Obst suchen.

Suchwort Obst eingeben

Gestalten Sie eine Seite mit Text und ClipArt-Grafiken.

Rechts oben können Sie auch ein Suchwort, z. B. Gebäude, eingeben und dann auf *OK* klicken.

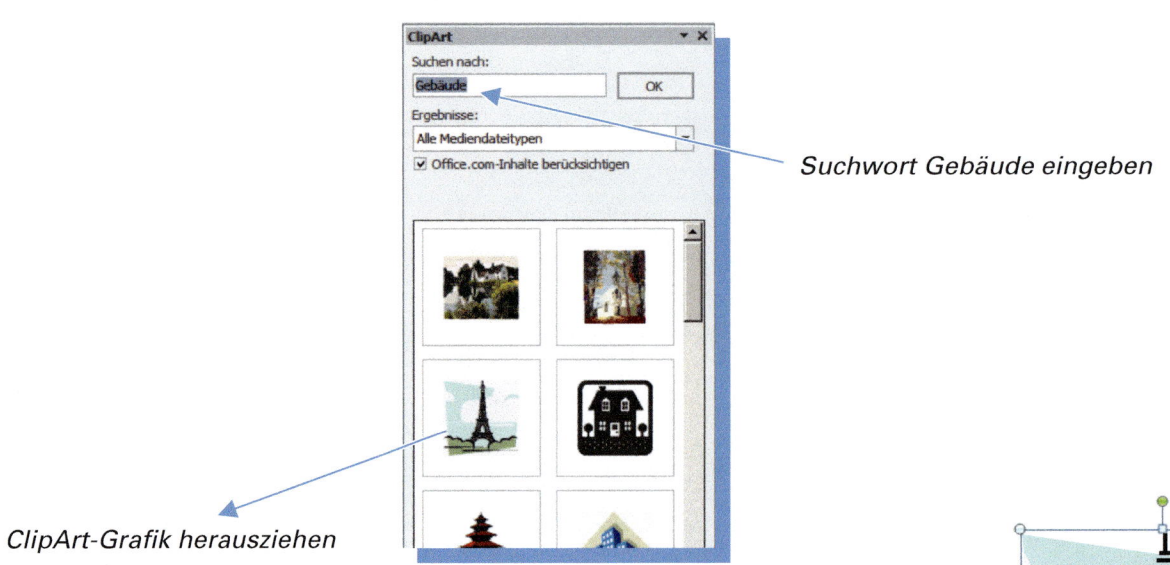

Suchwort Gebäude eingeben

ClipArt-Grafik herausziehen

Herausziehen der Grafik: Mit gedrückter linker Maustaste klicken Sie auf die gewünschte ClipArt-Grafik und ziehen sie heraus.

Veränderung der Größe der Grafik: Fahren Sie dann mit dem Mauszeiger über einen Eckpunkt der Grafik. Der Mauszeiger verwandelt sich nun zum Doppelpfeil. Drücken Sie die linke Maustaste und halten Sie sie gedrückt. Ziehen Sie die Grafik nun auf die gewünschte Größe.

Tabellen erstellen

Arbeitsauftrag:

1. Öffnen Sie ein neues Word-Dokument. Speichern Sie dieses unter *anschriftenliste*

2. Wählen Sie im Menüband *Seitenlayout* und dann in der Registerkarte *Seite einrichten* auf *Ausrichtung* und im Pulldown-Menü *Querformat*.

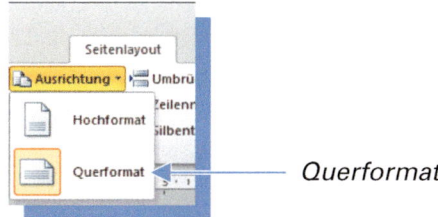

Querformat

3. Schreiben Sie nun die folgende Tabellenüberschrift: Anschriftenliste der Hauswirtschafterinnen und Hauswirtschafter in _____. Vgl. S. 29.

4. Als Nächstes erstellen Sie eine Tabelle für die Anschriftenliste.
Sie benötigen 6 Spalten und so viele Zeilen, wie Sie Schülerinnen und Schüler in der Klasse sind, und eine zusätzliche Zeile für die Spaltenüberschriften.

Im Menüband wählen Sie jetzt *Einfügen*, und in der Registerkarte *Tabellen* klicken Sie auf den Pfeil unter *Tabelle*. Im Pulldown-Menü klicken Sie dann auf *Tabelle einfügen . . . .*
Nun erscheint folgende Übersicht:

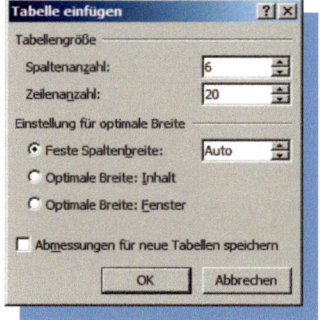

Erproben Sie das Erstellen einer Tabelle mit „Optimale Breite: Inhalt".

5. Hier geben Sie unter Spaltenanzahl eine *6* und unter Zeilenanzahl die Zahl ein, die Ihrer Klassengröße +1 entspricht. Dann klicken Sie auf *OK*, und die Tabelle erscheint.

6. Nun geben Sie in die Tabelle die Spaltenüberschriften, vgl. S. 29, und dann die Daten Ihrer Mitschülerinnen und Mitschüler ein.

Sie können die Tabellen auch mit unterschiedlichen Tabellenrastern gestalten.
Hierfür klicken Sie im Menüband auf *Einfügen* und dann auf *Tabellentools/Entwurf*.
In der Registerkarte *Tabellenformatvorlagen* wählen Sie dann ein Tabellenraster aus.

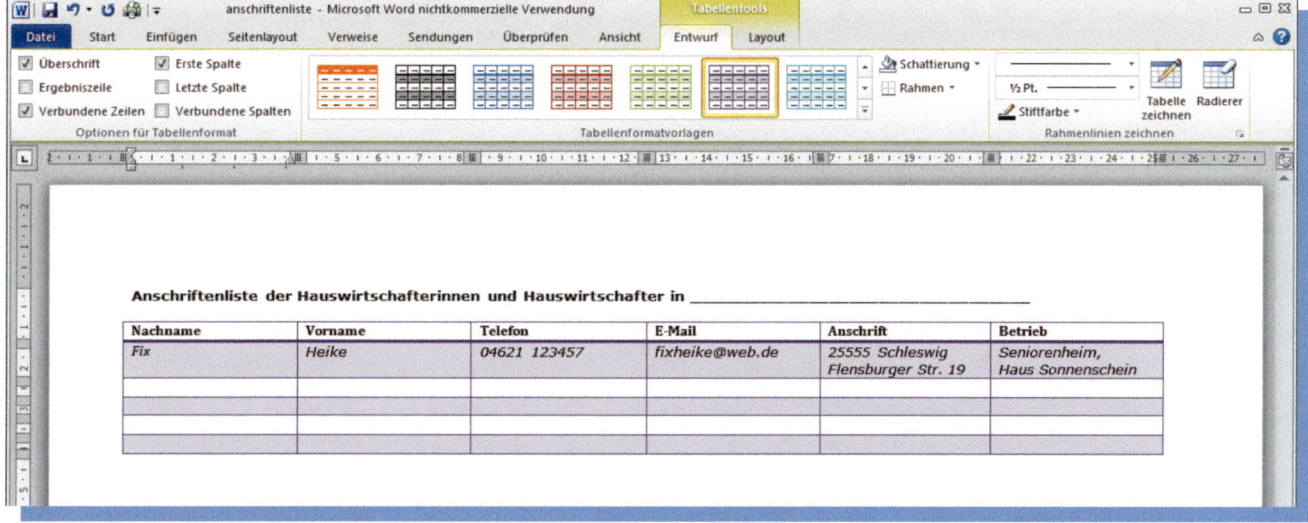

7. Sortieren von Angaben in einer Tabelle

Sie sollen nun die Anschriftenliste Ihrer Klasse alphabetisch nach den Nachnamen Ihrer Mitschülerinnen und Mitschüler sortieren.

Hierfür markieren Sie zunächst die Nachnamen, allerdings ohne die Spaltenüberschrift. Klicken Sie danach auf die Registerkarte *Tabellentools/Layout* und danach auf den Pfeil unter *Daten* und im Pulldown-Menü auf *Sortieren*.
Nun erscheint ein neues Fenster.

Die Spalte 1, die Sie markiert haben, wird als Sortierschlüssel angegeben.

Aufsteigend heißt von A bis Z, absteigend von Z bis A.
Wenn Sie auf *OK* klicken, werden die Angaben in den Zeilen der Tabelle sortiert.

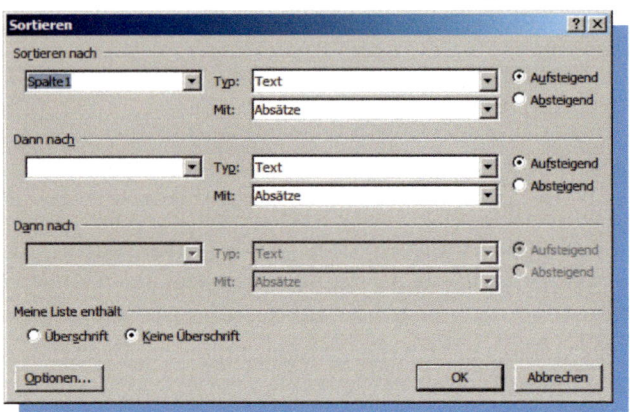

A bis Z ist aufsteigend.

8.
Erstellen Sie eine weitere Tabelle als Checkliste für die Personalhygiene, vgl. S. 30, und ergänzen Sie weitere mögliche Kriterien, die hinsichtlich der Raumhygiene gecheckt werden können.

Gestaltungstipps:

Spalten und Zeilen löschen

Markierung mit Mauszeiger

In einer Tabelle soll die dritte Spalte gelöscht werden.

Hierfür markieren Sie die dritte Spalte. Im Menüband klicken Sie auf *Einfügen* und dann *Tabellentools* und *Layout*. Dann klicken Sie in der Registerkarte *Zeilen und Spalten* auf den Pfeil unter Löschen und im Pulldown-Menü auf *Spalten löschen*.
Entsprechend werden auch Zeilen gelöscht.

Löschen

Spalte löschen

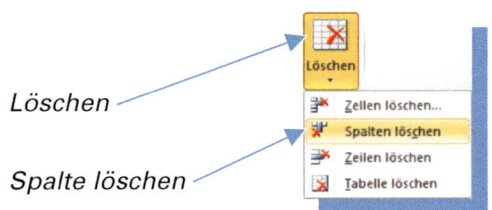

Spalten sind senkrecht angeordnet.

Spalten und Zeilen einfügen

In eine Tabelle soll eine Zeile – zwischen der ersten und zweiten Zeile – eingefügt werden.

Hierfür setzen Sie den Mauszeiger in die erste Zeile und wählen im Menüband wiederum *Einfügen* und dann *Tabellentools* und *Layout*. Anschließend wählen Sie in der Registerkarte *Zeilen und Spalten* das Feld *Darunter einfügen*. Entsprechend können auch Spalten eingefügt werden.

Zeilen und Spalten

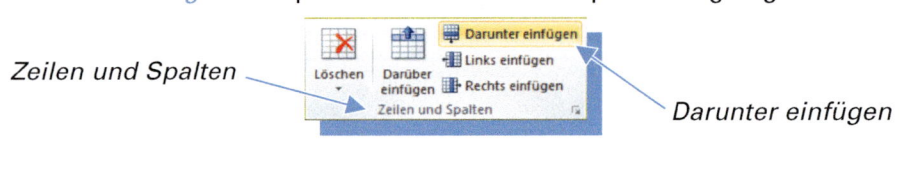

Darunter einfügen

Zeilen sind waagerecht angeordnet.

Anschriftenliste der Hauswirtschafterinnen und Hauswirtschafter in _____

Nachname	Vorname	Telefon	E-Mail	Anschrift	Betrieb
Fix	*Heike*	*04621 123457*	*fixheike@web.de*	*25555 Schleswig Flensburger Str. 19*	*Seniorenheim, Haus Sonnenschein*
Bandel	Catherine				
Bergmann	Björn				
Eichwald	Barbara				
Fischer	Nadine				
Gerdnun	Mona				
Görtz	Svenja				
Grohse	Jennifer				
Grützki	Ilona				
Husfeld	Wencke				
Kulka	Jenny				
Neve	Katrin				
Oktem	Reyyan				
Olm	Nicole				
Schmulke	Sarah				
Wirth	Stefanie				
Worm	Sandra				

Dank an die HwU für die Mithilfe in der Erprobungsphase!

Anmerkung: Die Liste kann nach allen Einträgen (Spalten) sortiert werden.
Im Betrieb kann man eine solche Liste auch von den Kunden anlegen.
Falls eine entsprechende Spalte vorhanden ist, kann sie z. B. nach den Geburtstagen sortiert werden.
So kann jeder Kunde rechtzeitig eine Glückwunschkarte zum Geburtstag erhalten.

Checkliste für die Hygiene

Hygiene		ja	nein	Anmerkung
Personalhygiene	Ist die Arbeitskleidung sauber?	✓ Sch		
	Wird die Arbeitskleidung regelmäßig gewechselt?	✓ Sch		
	Werden die Hände nach jedem Toilettengang gewaschen?		↳ Sch	wird leider oft vergessen
	Werden geeignete Kopfbedeckungen getragen?			
	Werden Einweghandschuhe beim Belegen von Brötchen und beim Garnieren getragen?			
	Werden Schmuck und Uhren vor Arbeitsbeginn abgelegt?			
	Wird kein Nagellack benutzt?			
	Wird das Rauchverbot beachtet?			
Raumhygiene	Werden regelmäßig Hygieneschulungen durchgeführt?			

Verbinden von Zellen, vgl. S. 32.

Erstellen einer Nährwerttabelle

Arbeitsauftrag:

1. Öffnen Sie ein neues Word-Dokument und speichern Sie es unter *tabelle*

2. Erstellen Sie mithilfe Ihres Schulbuches eine Nährwerttabelle
für fünf Obstsorten und fünf Gemüsesorten.

3. Fügen Sie dafür zunächst ein Textfeld in Ihr Word-Dokument ein. Hierfür klicken Sie
in dem Menüband auf *Einfügen*, in der Registerkarte *Text* auf den Pfeil unter *Textfeld*
und im Pulldown-Menü auf *Textfeld erstellen*.
Nun wird der Mauszeiger zu einem Kreuz, mit dem Sie ein Textfeld auf das Dokument
ziehen können. Der Mauszeiger bleibt im Textfeld.

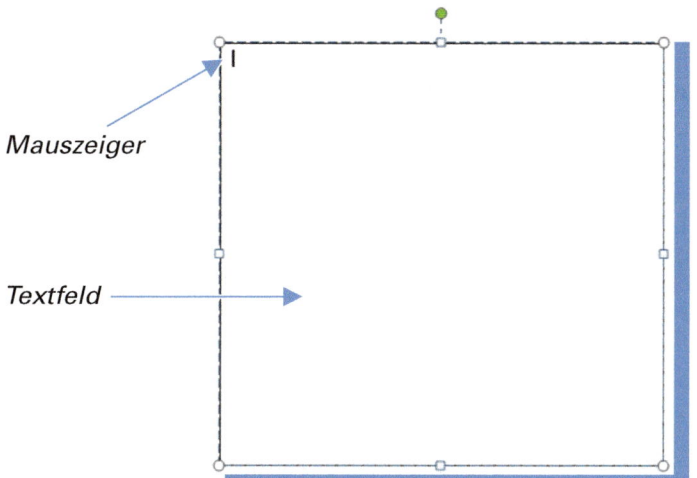

Mauszeiger

Textfeld

> Entfernen eines Textfeldes:
> Markieren, Menüband:
> Start, Ausschneiden

4. In dieses Textfeld fügen Sie nun eine Tabelle mit *6* Spalten und *12* Zeilen ein.

Nährwerttabelle

	Obstsorte	Energie in kJ	Eiweiß in g	Fett in g	Kohlenhydrate in g
100 g	Apfel				
100 g					
100 g					
100 g					
100 g					
	Gemüsesorte	Energie in kJ	Eiweiß in g	Fett in g	Kohlenhydrate in g
100 g	Aubergine				
100 g					
100 g					
100 g					
100 g					

5. Die 1. und die 7. Zeile der Tabelle gestalten Sie nun, wie angegeben, als Kopfzeilen – *Arial 11, fett*.

6. Nun sollen die Kopfzeilen und dann jede zweite Zeile schattiert werden.
Dafür markieren Sie zunächst eine Zeile, die schattiert werden soll.
Dann klicken Sie in dem Menüband auf *Tabellentools/Entwurf*.
Sie klicken dann auf den Pfeil neben *Schattierung* und wählen eine Farbe für die Schattierung aus.
Wählen Sie bitte für die Schattierung ein *helles Grau*, sonst ist die Schrift später nicht zu lesen.
Bei den anderen Zeilen, die schattiert werden sollen, werden diese auch zunächst markiert.
Dann klicken Sie wiederum auf den Pfeil neben *Schattierung* und wählen die Farbe aus.

7. Gegenwärtig stört der Rahmen des Textfeldes noch.
Durch einen Klick auf den Rahmen des Textfeldes wird
Zeichentools/Format geöffnet.
Klicken Sie in der Registerkarte *Formenarten* rechts auf *Formkontur* und
im Pulldown-Menü auf *Kein Rahmen*. Der Rahmen ist nicht mehr sichtbar.

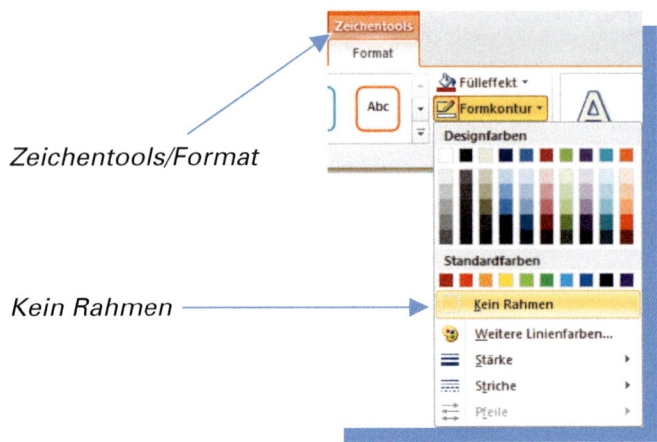

Zeichentools/Format

Kein Rahmen

8. Nun ermitteln Sie mithilfe Ihres Schulbuches für fünf Obstsorten und fünf Gemüsesorten –
pro 100 g – den Energiegehalt, Eiweißgehalt, Fettgehalt und den Kohlenhydratgehalt
und übertragen diese Werte in die Nährwerttabelle.

9. Erproben Sie das Zellenverbinden bei der Gestaltung Ihres Stundenplans.

Gestaltungstipp: Für das Zellenverbinden markieren Sie zunächst die entsprechenden Zellen, hier „EDV".
Dann klicken Sie in dem Menüband auf *Tabellentools/Layout* und in der Registerkarte *Zusammenführen*
auf Zellen verbinden.

Die Textrichtung können Sie folgendermaßen ändern: Den Text markieren.
Klicken Sie dann im Menüband auf *Tabellentools/Layout* und in der Registerkarte *Ausrichtung*
so lange auf das Feld *Textausrichtung*, bis die gewünschte Richtung erscheint.

Mein Stundenplan für den Unterricht in der Berufsschule

Stunde	Uhrzeit	Montag	Raum	Dienstag	Raum
1.	7:45 8:30				
2.	8:30 9:15				
3.	9:30 10:15				
4.	10:15 11:00				
5.	11:15 12:00	EDV			
6.	12:00 12:45				
7.	13:00 13:45	Frei oder Betrieb			
8.	13:45 15:30				

Dritter Teil der Lernkartei

Arbeitsauftrag:

Öffnen Sie erneut das Word-Dokument *lernkartei.docx*
und schreiben Sie den folgenden Text zusätzlich in diese Datei.
Ergänzen Sie dabei die fehlenden Textteile.

Einfügen einer Tabelle mit 4 Spalten und 10 Zeilen in ein Dokument

Wenn ich eine Tabelle in ein Word-Dokument einfügen will, klicke ich
im Menüband auf Einfügen und in der Registerkarte Tabellen auf den
Pfeil unter Tabelle. Im Pulldown-Menü klicke ich dann auf Tabelle einfügen…
Nun erscheint ein neues Fenster, in welches ich für die Spaltenanzahl eine 4 und für die
Zeilenanzahl eine 10 eintrage. Danach klicke ich auf OK.

Löschen und Einfügen von Spalten

Wenn ich eine Spalte löschen will, setze ich den Mauszeiger in die
entsprechende Spalte. Danach klicke ich auf Tabellentools und Layout. Dann klicke ich auf
den Pfeil unter Löschen und in dem Pulldown-Menü auf Spalten löschen.
Wenn ich eine Spalte einfügen will, setze ich den Mauszeiger in die Spalte,
neben der ich eine neue Spalte einfügen möchte. Dann klicke ich auf Tabellentools
und Layout. Danach klicke ich in der Registerkarte Zeilen und
Spalten auf Links einfügen oder Rechts einfügen.

Löschen und Einfügen von Zeilen

Wenn ich eine Zeile löschen will, setze ich den Mauszeiger in die entsprechende
Zeile. Danach klicke ich auf den Pfeil unter Löschen und
in dem Pulldown-Menü auf Zeilen löschen.
Wenn ich eine Zeile einfügen möchte, setze ich den Mauszeiger in die Zeile darüber. Dann
klicke ich auf Tabellentools und Layout. Danach klicke ich in der Registerkarte
Zeilen und Spalten auf Darunter einfügen.

Zellen verbinden

Zunächst markiere ich die Zellen, die ich verbinden will. Dann klicke ich in der Registerkarte
Zusammenführen auf Zellen verbinden.

Sortieren von Begriffen in einer Tabelle

Wenn ich Begriffe in einer Tabelle alphabetisch sortieren will, markiere
ich zunächst diese Begriffe. Dann klicke ich auf Tabellentools und Layout.
Danach klicke ich auf den Pfeil unter Daten. In dem Pulldown-Menü klicke ich auf
Sortieren und abschließend auf OK.

Einfügen von Textfeldern

Wenn ich ein Textfeld in ein Dokument einfügen will, klicke ich im Menüband auf Einfügen
und dann auf den Pfeil unter Textfeld. In dem Pulldown-Menü klicke ich
auf Textfeld erstellen. Nun wird der Mauszeiger zu einem Kreuz, mit dem ich
ein Textfeld in das Word-Dokument einfügen kann.

Entfernen des schwarzen Rahmens eines Textfeldes

Zum Entfernen des schwarzen Rahmens eines Textfeldes mache ich mit dem Mauszeiger
einen Doppelklick auf den schwarzen Rahmen. Dann klicke ich unter
Formenarten auf Formkontur und im Pulldown-Menü auf Kein Rahmen.

Entfernen eines Textfeldes

Zum Entfernen eines Textfeldes klicke ich mit dem Mauszeiger auf den
Rahmen. Danach klicke ich unter Start auf die Schere.

Erstellen von Etiketten

Arbeitsauftrag:

Erstellen Sie Etiketten für Erdbeerkonfitüre in Gläsern.

Tipps:

Klicken Sie im Menüband auf *Sendungen* und in der Registerkarte *Erstellen*
auf *Umschläge*.

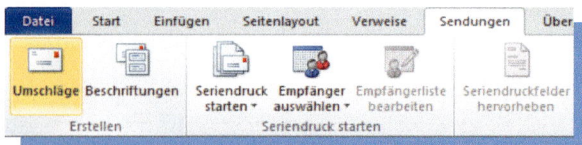

In dem neuen Dialogfenster klicken Sie dann auf *Etiketten*. Nun wechselt das Programm
in ein neues Dialogfenster.
Klicken Sie hier auf *Optionen...*.

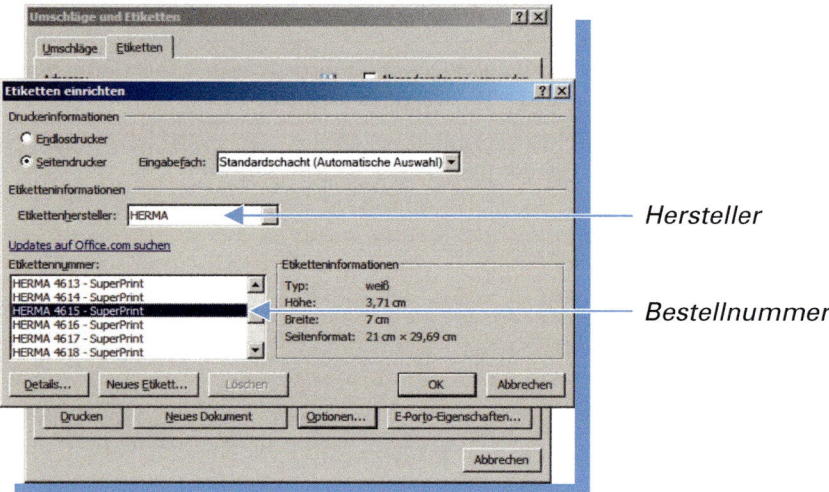

Nun öffnet sich ein Fenster, in dem Sie den Hersteller und die Bestellnummer Ihrer Etiketten auswählen.
Danach klicken Sie auf *OK*. Sie können auch auf *Details...* klicken und eigene Maße eingeben.

Nach Bestätigung mit *OK* sehen Sie wieder das Fenster, in das Sie den Text für die Etiketten schreiben.
Dann klicken Sie auf *Neues Dokument*.

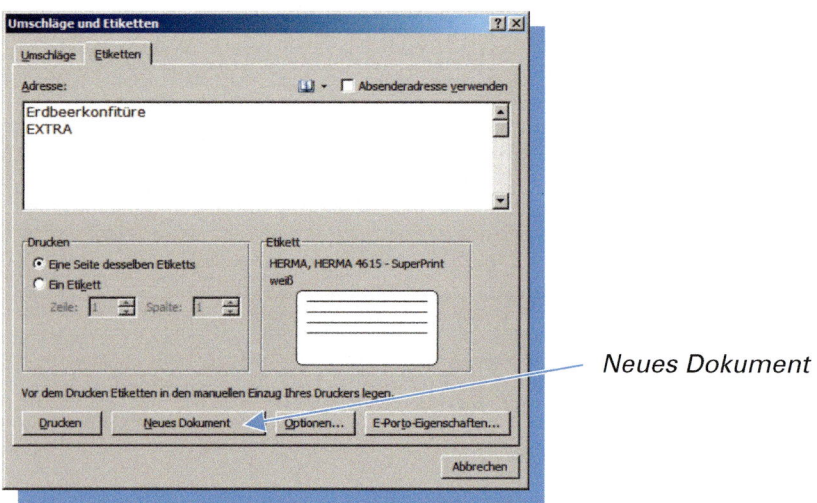

Es öffnet sich nun ein neues Dokument. Hier erscheinen die Etiketten.
Diese können Sie noch weiter mit verschiedenen Schriften, Symbolen
und Bildern gestalten.

Bevor Sie die Etiketten drucken, sollten Sie einen Probedruck
auf normalem Papier machen, um zu sehen, ob die Größe passt
und ob Ihnen die Gestaltung endgültig gefällt.

Erdbeerkonfitüre	Erdbeerkonfitüre	Erdbeerkonfitüre
EXTRA	EXTRA	EXTRA
Erdbeerkonfitüre	Erdbeerkonfitüre	Erdbeerkonfitüre
EXTRA	EXTRA	EXTRA
Erdbeerkonfitüre	Erdbeerkonfitüre	Erdbeerkonfitüre
EXTRA	EXTRA	EXTRA
Erdbeerkonfitüre	Erdbeerkonfitüre	Erdbeerkonfitüre
EXTRA	EXTRA	EXTRA
Erdbeerkonfitüre	Erdbeerkonfitüre	Erdbeerkonfitüre
EXTRA	EXTRA	EXTRA
Erdbeerkonfitüre	Erdbeerkonfitüre	Erdbeerkonfitüre
EXTRA	EXTRA	EXTRA
Erdbeerkonfitüre	Erdbeerkonfitüre	Erdbeerkonfitüre
EXTRA	EXTRA	EXTRA
Erdbeerkonfitüre	Erdbeerkonfitüre	Erdbeerkonfitüre
EXTRA	EXTRA	EXTRA

Wir schaffen Ordnung mit Ordnern

Arbeitsauftrag:

1. Legen Sie einen Ordner an mit dem Namen *sonnenschein*

2. Erstellen Sie in dem Ordner *sonnenschein* einen weiteren Ordner mit dem Namen *menue*

3. Verschieben Sie die Datei *sonnenschein.docx* in den Ordner *sonnenschein*

4. Löschen Sie die Datei *computerraumordnung.docx* und die Datei *methode.docx*

5. Öffnen Sie die Datei *entschuldigung.docx* und speichern Sie diese nun ebenfalls in dem Ordner *sonnenschein*

6. Benennen Sie die Datei *rezepte.docx* in *rezepturen* um.

7. Speichern Sie die Datei *rezepturen.docx* im Ordner *menue*

8. Kopieren Sie die Datei *sonnenschein.docx* aus dem Ordner *sonnenschein* in den Ordner *menue*

Tipps für die Arbeit mit Ordnern

Ordnung halten im PC ist wichtig, besonders wenn mehrere Personen in einem Betrieb an demselben PC arbeiten. Zur besseren Übersicht kann man Ordner anlegen und darin die Dateien zu einem Thema – Arbeitsbereich – speichern. So werden die einzelnen Dateien leichter wiedergefunden.

Anlegen eines Ordners:

Wechseln Sie zu dem Ort, an dem Sie Ihre Dateien speichern, z. B. *Dokumente*.

Hier soll nun ein Ordner angelegt werden.

Klicken Sie dazu in der Menüleiste auf *Neuer Ordner*.

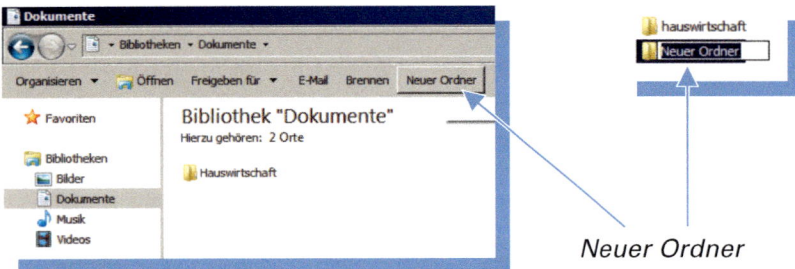

Neuer Ordner

Nun erscheint ein neuer Ordner in der Übersicht der vorhandenen Dateien.

In das Feld *Neuer Ordner* schreiben Sie jetzt den Namen *sonnenschein* und klicken dann auf die Enter-Taste [↵]. Der neue Ordner hat nun den Namen *sonnenschein*

> In dem Ordner sonnenschein befindet sich die Datei sonnenschein.docx

Durch einen Doppelklick mit der linken Maustaste auf den Ordner *sonnenschein* öffnen Sie nun diesen. Sie befinden sich jetzt in dem Ordner *sonnenschein*

Jetzt soll in dem Ordner *sonnenschein* der Ordner *menue* erstellt werden.

Klicken Sie nun erneut in der Menüleiste auf *Neuer Ordner*.

Nun erscheint wiederum ein neuer Ordner, der den Namen *menue* bekommt.

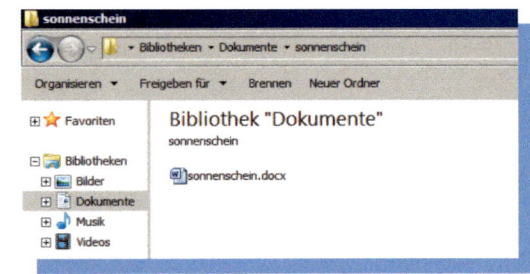

Dateien in einen Ordner verschieben:

Bereits vorhandene Dateien können angeklickt und einfach bei gedrückter linker Maustaste mit dem Mauszeiger in einen Ordner geschoben werden.

> Dateien, die sich außerhalb eines Ordners befinden, können mit dem Mauszeiger in den Ordner geschoben werden.

Die Datei *sonnenschein.docx* ist nun in dem Ordner *sonnenschein* gespeichert.

Zum Speichern und Öffnen von Dateien kann ein Ordner durch einen Doppelklick geöffnet werden.
Der Zugriff auf Dateien bzw. die Speicherung von Dateien erfolgt nun wie gewohnt.

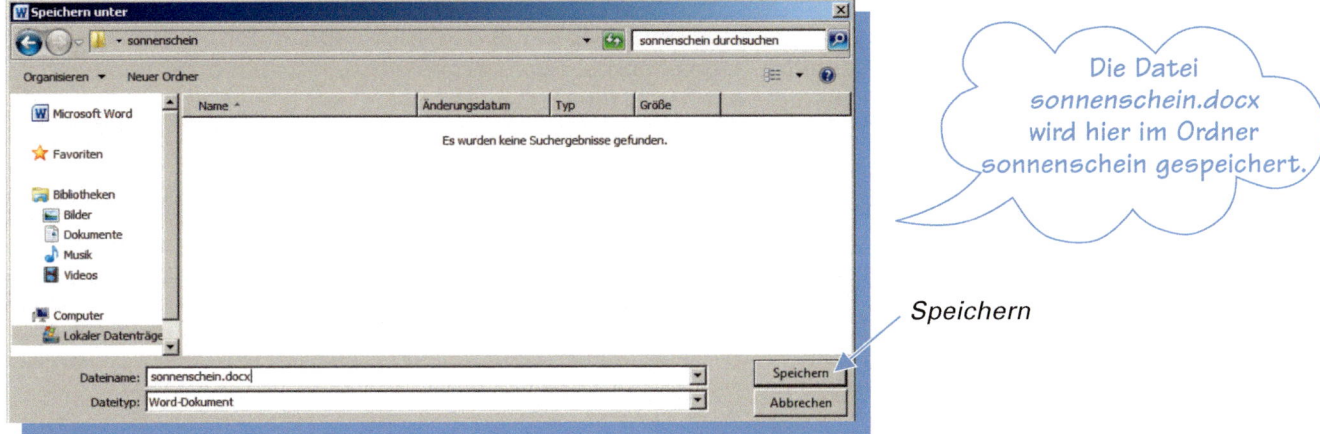

Die Datei sonnenschein.docx wird hier im Ordner sonnenschein gespeichert.

Speichern

Kopieren von Dateien von einem Ordner in einen anderen Ordner:

Mit gedrückter rechter Maustaste auf den Namen der Datei klicken, die kopiert werden soll.
Im Pulldown-Menü am Mauszeiger dann auf *Kopieren* klicken. Danach wechselt man in den Ordner, in den
die Datei eingefügt werden soll. Nun klickt man im Pulldown-Menü am Mauszeiger auf *Einfügen*. Die Datei
existiert nun zweimal!

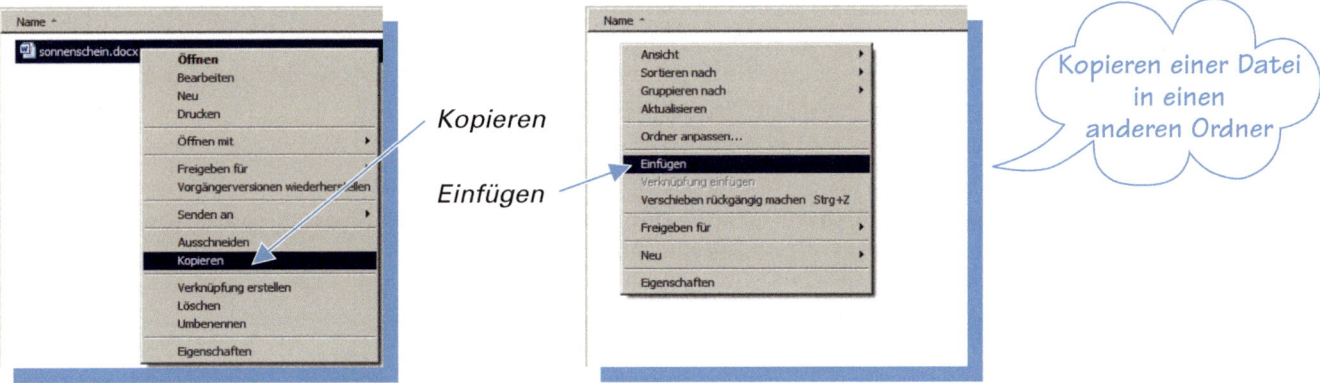

Kopieren

Einfügen

Kopieren einer Datei in einen anderen Ordner

Umbenennen von Ordnern oder Dateien:

Einen Ordner können Sie umbenennen, indem Sie mit dem Mauszeiger auf den Namen des Ordners,
z. B. *sonnenschein*, fahren und dann die rechte Maustaste drücken.
Nun erscheint – am Mauszeiger – ein Pulldown-Menü u. a. mit dem Befehl *Umbenennen*.
Klicken Sie jetzt mit dem Mauszeiger auf den Befehl *Umbenennen*. Danach können Sie
dem Ordner einen neuen Namen geben. Entsprechend können auch Namen von Dateien geändert werden.

Ordner und Dateien kann man mit dem Pulldown-Menü am Mauszeiger – Klicken mit rechter Maustaste – umbenennen.

Umbenennen

Löschen von Dateien:

Wenn eine Datei gelöscht werden soll, fährt man mit dem Mauszeiger
auf den Dateinamen und drückt dann die rechte Maustaste.

Es erscheint wieder das Menü, in dem man auch den Befehl *Umbenennen* findet.

Nach dem Klicken auf den Befehl *Löschen* verschwindet die Datei im Papierkorb.

Achtung: Wenn eine Datei auf dem USB-Stick oder der Diskette gelöscht wird, wandert sie nicht
in den Papierkorb, sondern wird sofort gelöscht. Sie kann also nicht wieder hergestellt werden.

Internetrecherche – Wir suchen Bilder (Grafiken) für die Gestaltung einer Menükarte für das Weihnachtsmenü

Wenn Ihnen eine Internetadresse bekannt ist, wo Sie entsprechende Bilder/Grafiken finden können, geben Sie diese in das Adressenfeld z. B. des Internet-Explorers ein.
Das Laden dieser Internetseite starten Sie dann mit der Enter-Taste [↵].

Wenn Sie keine Internetadresse kennen, helfen Ihnen die Suchmaschinen weiter.

Suchmaschinen durchsuchen das Internet nach Begriffen, die Sie eingegeben haben, und bieten Ihnen entsprechende Links an.

Einige häufig verwendete Suchmaschinen

Metasuchmaschinen	Suchmaschinen
www.metager.de	www.altavista.de
www.ajondo.de	www.fireball.de
www.acoon.de	www.yahoo.com
www.metacrawler.de	www.lycos.de
www.metaspinner.de	www.google.de

> Ein Link ist ein anklickbarer Verweis auf einer Internetseite

Anmerkungen: Ein **Link** ist ein anklickbarer Verweis auf eine/r Internetseite. Ein Link ist daran zu erkennen, dass der Text oder das Symbol unterstrichen oder farbig hervorgehoben ist. Der Mauszeiger erscheint als Handsymbol, wenn Sie ihn über einen Link führen. Klickt man auf einen Link, wird im Internet sofort eine Verbindung zu der entsprechenden Seite aufgebaut.

Arbeitsauftrag:

1. Geben Sie in das Adressenfeld z. B. des Internet Explorers zunächst die Adresse www.google.de ein und öffnen Sie die Startseite der Suchmaschine Google mit der Enter-Taste [↵].

2. Welche Begriffe geben Sie für die Suche nach Bildern für die Gestaltung der Weihnachtsmenükarte in die Suchmaschine Google ein?

Ich gebe die Begriffe

Weihnachten Grafiken in die Suchmaschine ein .

3. Welche Begriffe geben Sie für die Suche nach Bildern für die Gestaltung einer Einladungskarte für ein Sommerfest in die Suchmaschine Google ein?

Ich gebe die Begriffe

Sommerfest Grafiken in die Suchmaschine ein .

4. Geben Sie in das Adressenfeld z. B. des Internet Explorers die Adresse *www.yahoo.com* ein. Drücken Sie die Entertaste und führen Sie die Aufgabe 3 erneut aus.

4. Geben Sie Ihre ausgewählten Suchbegriffe,
z.B. Weihnachten Grafiken,
in das Suchfeld der Suchmaschine Google ein.

Den Suchbegriff eingeben und auf Suche klicken.

5. Danach klicken Sie auf *Google-Suche*. Die Suchmaschine Google durchsucht
nun alle Links – Internetseiten – nach den von Ihnen eingegebenen Suchbegriffen.
Hier das Suchergebnis:

6. Speichern von Bildern/Grafiken

Wenn Sie ein passendes Bild gefunden haben, fahren Sie mit dem Mauszeiger
auf das Bild, das Sie speichern wollen, und drücken dann die rechte Maustaste.
Es erscheint ein Menü: Hier klicken Sie auf *Bild speichern unter ....*
Wählen Sie dann z.B. *Bilder* als Speicherort aus.

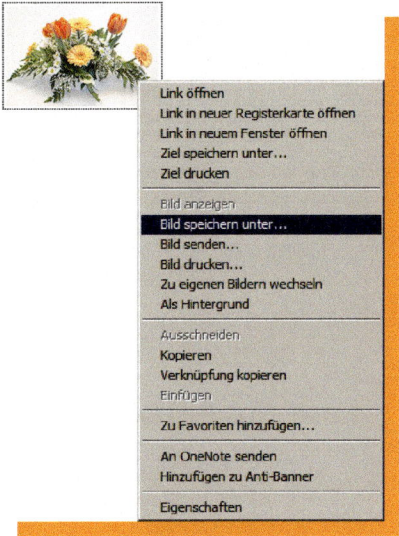

Vorsicht: Bilder unterliegen dem Urheberrecht!
Dies bedeutet, dass Sie sie nicht ohne
Genehmigung des Autors/Fotografen verwenden
dürfen. Wenn auf einer Webseite ausdrücklich
ein Vermerk zur freien Verwendung der Bilder
steht, können Sie die Bilder herunterladen und
in Ihre Webseite einbauen. Das ist
z.B. bei ClipArt-Gallerien üblich.

Einfügen von Bildern und Grafiken in einen Text

Arbeitsauftrag:

1. Öffnen Sie die Datei *sonnenschein.docx*

2. Formatieren Sie den Text so, dass der Zeilenabstand im gesamten Text *Einfach* ist und der Text im *Blocksatz* erscheint. Schriftart: *Arial*, Schriftgröße: *11*.
Die Überschriften für die einzelnen Absätze erscheinen *Fett*.

3. Fügen Sie an die Stelle, an der Sie eine Grafik einfügen wollen, ein Textfeld ein.

4. Kopieren Sie dann eine Grafik in das Textfeld.

5. Formatieren Sie anschließend die Grafik *Passend* in den Text.

6. Verändern Sie die Größe der eingefügten Grafik.

7. Verändern Sie die Farbe des Textfeldrandes in *Weiß*.

8. Fügen Sie vier weitere Grafiken mit unterschiedlichen Umbrucharten in den Text ein.

9. Drucken Sie die Datei *sonnenschein.docx* aus.

Tipps für das Einfügen und Formatieren von Grafiken in einem Text

Fügen Sie zunächst ein Textfeld an der gewünschten Stelle ein, vgl. S. 41, und kopieren Sie danach die ausgewählte Grafik in das Textfeld. Klicken Sie dazu im Menüband auf *Einfügen* und in der Registerkarte *Illustrationen* auf *Grafik*. Nun muss die gewünschte Grafik mit einem Doppelklick ausgewählt werden.

Grafik

Formatieren von Grafiken: Nach einem Klick auf den Textfeldrand klicken Sie in der Registerkarte *Anordnen* auf den Pfeil unter *Position* und danach im Pulldown-Menü auf *Weitere Layoutoptionen…*. Ein neues Textfeld *Layout* erscheint. Hier klicken Sie auf *Textumbruch*.

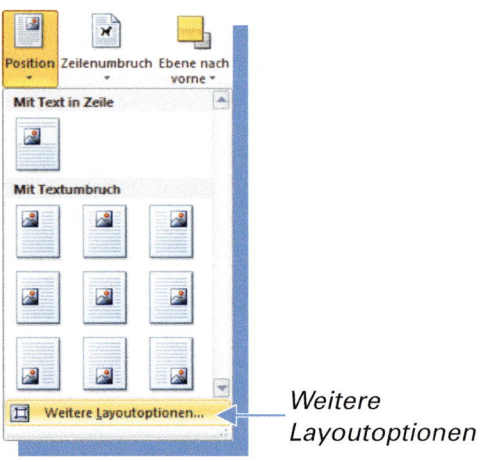

Weitere Layoutoptionen

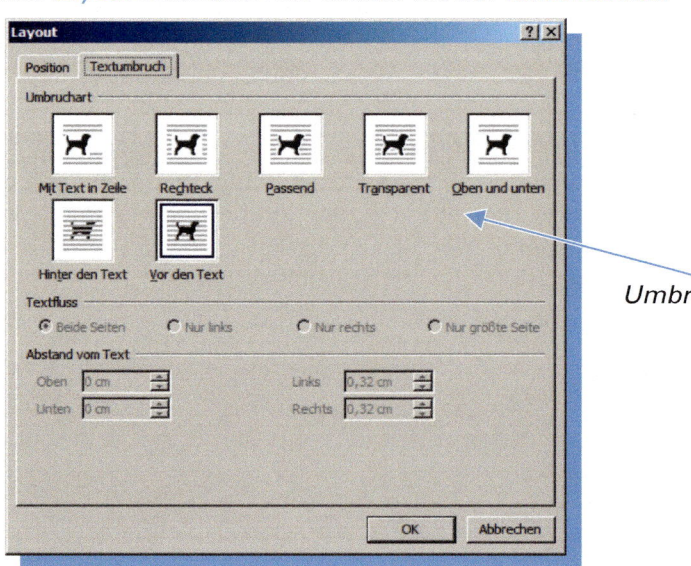

Umbrucharten

In dem Fenster werden Ihnen unterschiedliche Möglichkeiten – Umbrucharten – angeboten, mit denen Sie das Bild in den Text einbauen können.

Sie können die Grafik z. B. *Passend* in den Text einfügen oder *Hinter den Text* oder *Vor den Text* legen.

Achtung: Sie müssen auf den Textfeldrand und nicht auf die Grafik klicken, um das Layout zu verändern.

Veränderung der Größe von Grafiken: Wenn Sie den Mauszeiger auf die Ecke einer Grafik setzen, erscheint ein Doppelpfeil, mit dem Sie nun die Größe der Grafik verändern können. Auch jeweils in der Mitte an jeder Seite – bei den Quadraten – kann an der Grafik gezogen oder geschoben werden.

Die **schwarze Farbe des Textfeldrandes** verändern, vgl. S. 42.

Haus Sonnenschein

Haus „Sonnenschein" ist eine Seniorenresidenz, in der 50 Seniorinnen und Senioren ihren Lebensabend verbringen. Das Team des Hauses „Sonnenschein" kommt also jeden Tag mit diesen Menschen zusammen. Die Versorgung und Betreuung steht im Vordergrund der Arbeit, aber auch im Team muss alles stimmen. Die Bewohner können sich im „Sonnenschein" nur wohlfühlen, wenn die Atmosphäre im Team gut ist.

Zum Team gehören die Chefin (hauswirtschaftliche Betriebsleiterin), die Gesellin (Hauswirtschafterin), ein Geselle (Hauswirtschafter), eine Hauswirtschaftshelferin, die Auszubildende Heike Fix und der Auszubildende Ole Frey.

Die Auszubildende

Heike Fix und Ole Frey sind stolz, sie haben einen Ausbildungsvertrag zur Hauswirtschafterin im Haus „Sonnenschein" bekommen.
Heike ist 16 Jahre alt und die Hauptschulzeit liegt hinter ihr. Sie hat ein gutes Abschlusszeugnis bekommen, und der Lehrer wollte sie überreden, eine weiterführende Schule zu besuchen.
Aber Hauswirtschafterin war schon immer der Traumberuf von Heike, denn sie findet es faszinierend, unterschiedliche Menschen zu versorgen und zu betreuen.

Die Chefin

Nach ihrer Ausbildung als Hauswirtschafterin war sie einige Jahre in einer Tagungsstätte als Hauswirtschafterin tätig, bevor sie zwei Jahre lang eine hauswirtschaftliche  Fachschule besuchte. Nach einem Jahr hätte sie die Schule auch als staatlich geprüfte Wirtschafterin verlassen können. Sie hat dann nach zwei Jahren die Prüfung zur staatlich geprüften hauswirtschaftlichen Betriebsleiterin abgelegt.

Die Gesellin

Sie hat im Haus „Sonnenschein" ihre Ausbildung gemacht und ist hier nun seit zwei Jahren als Hauswirtschafterin tätig. Sie ist überwiegend in der Großküche des Betriebes tätig.

Der Geselle

Er hat seine Ausbildung in einem landwirtschaftlichen Betrieb absolviert. Seit einem Jahr ist er nun im Haus „Sonnenschein" tätig und vor allem für Hausreinigung und -pflege verantwortlich.

Die Hauswirtschaftshelferin

Sie ist gehörlos und hat eine spezielle dreijährige Ausbildung durchlaufen. Im Haus „Sonnenschein" arbeitet sie im Bereich Textilreinigung und Textilpflege.

Grafik Rechteck

Grafik passend

Grafik hinter den Text

Erstellen einer Menükarte

Arbeitsauftrag:

1. Öffnen Sie ein neues Word-Dokument und speichern Sie dieses unter *speise*

2. Klicken Sie im Menüband auf *Seitenlayout* und in der Registerkarte *Seite einrichten* auf *Ausrichtung*. Hier wählen Sie dann das *Querformat* aus. Vgl. S. 27.

3. Jetzt sollen Sie eine Tabelle mit *2* Spalten und *2* Zeilen in das Dokument einfügen. Die obere rechte Zelle der Tabelle soll die Vorderseite und die obere linke Zelle die Rückseite der Menükarte werden. Die unteren Zellen werden die inneren Seiten der Menükarte.

   <u>Menükarte</u>

Rückseite	Vorderseite
innere linke Seite	innere rechte Seite

4. Die Vorderseite der Menükarte soll nun mit Text und einem Bild gestaltet werden. Sie können die Höhe der Zelle – Vorderseite – mit der Enter-Taste [↵] vergrößern.

5. **Einfügen einer Grafik:** Zunächst muss an die Stelle, wo die Grafik erscheinen soll, ein Textfeld aufgezogen werden. Hierfür klicken Sie im Menüband auf *Einfügen* und in der Registerkarte *Text* auf *Textfeld/Textfeld erstellen*. Nun wird der Mauszeiger ein Kreuz, mit dem Sie ein Textfeld auf das Dokument ziehen können, vgl. S. 31.

6. Jetzt setzen Sie den Mauszeiger in das Textfeld und klicken in dem Menüband auf *Einfügen* und in der Registerkarte *Illustrationen* auf *Grafik*. Danach wählen Sie eines Ihrer aus dem Internet gespeicherten Bilder aus und fügen dies durch einen Doppelklick auf den Dateinamen der Grafik in das Textfeld ein.

   Grafik

7. **Löschen des schwarzen Rahmens:** Noch befindet sich der schwarze Rand des Textfeldes um das Bild, der entfernt werden muss. Durch einen Klick auf den schwarzen Rand des Textfeldes erscheint die Registerkarte *Zeichentools/Format*. Hier wählen Sie in der Registerkarte *Formenarten Formkontur* aus und klicken im Pulldown-Menü auf *Kein Rahmen*. Der Rand ist nun nicht mehr sichtbar.

   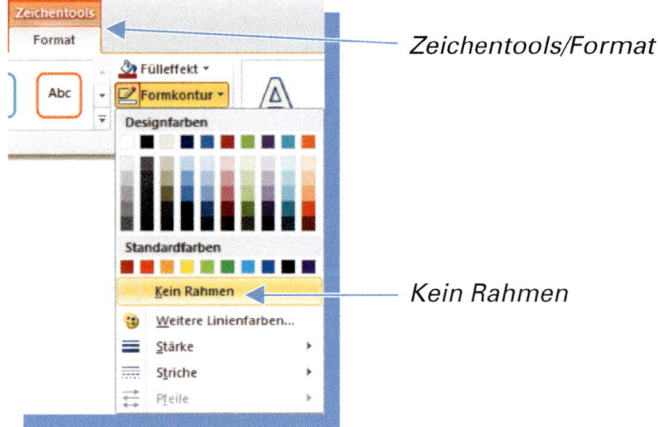

   Zeichentools/Format

   Kein Rahmen

Menükarte

Weihnachtsmenü

Seniorenheim
Haus Sonnenschein

am 25. Dezember um 20:00 Uhr

im Speisesaal

Getränke

Aperitif
****

Weißwein
****

Rotwein
****

Mokka
****

Menü

Forellenfilet mit Sahnemeerrettich
****

Consommé
******

Gänsebraten
Herzoginnenkartoffeln, Rotkohl
****

Überraschungsdessert
****

8. Vergrößern Sie die Höhe der Zelle „Vorderseite" so weit, dass die Zelle für die innere rechte Seite auf die nächste Seite springt. Geben Sie hier – innere rechte Seite – das Weihnachtsmenü und in der linken Zelle – innere linke Seite – die jeweiligen Getränke ein, die zu den verschiedenen Gängen des Menüs gereicht werden.

Die Gänge des Menüs können mit einer Sternchenleiste oder einer anderen Ornamentleiste voneinander getrennt werden.

9. Abschließend sollen Sie nun noch die Rückseite der Menükarte gestalten.

10. Löschen Sie die Tabellenlinien, indem Sie die Tabelle markieren und dann im Menüband auf *Tabellentools/Entwurf* und in der Registerkarte *Tabellenformatvorlagen* auf den Pfeil rechts neben *Rahmen* und im Pulldown-Menü auf *Kein Rahmen*.

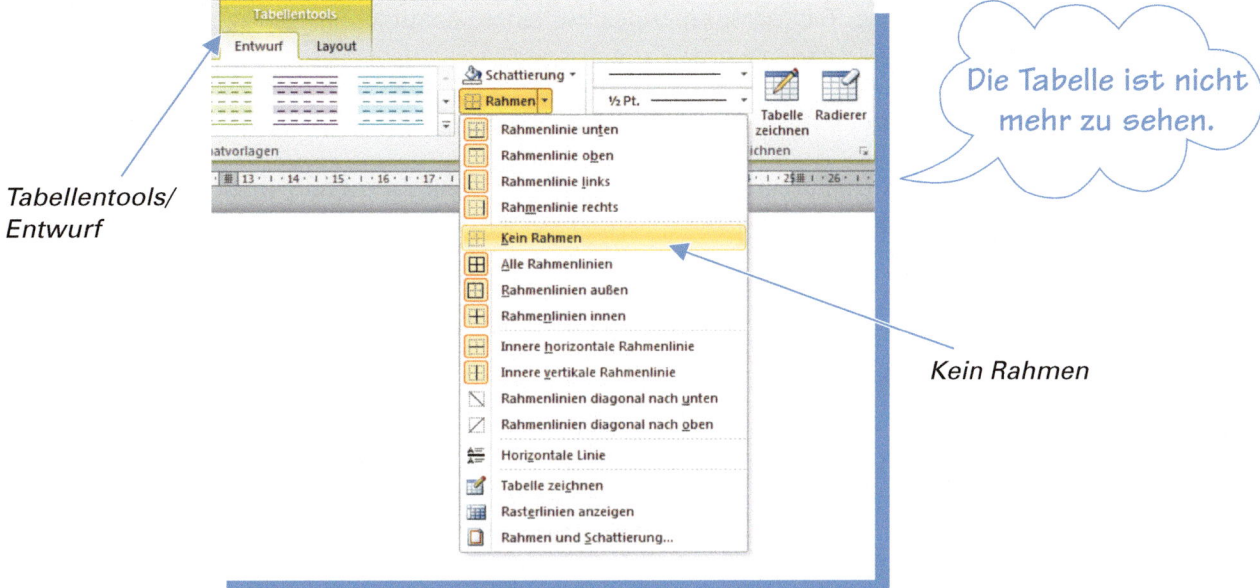

Tabellentools/ Entwurf

Die Tabelle ist nicht mehr zu sehen.

Kein Rahmen

11. Fügen Sie einen Seitenrand ein. Diese Effekte finden Sie unter *Seitenlayout* und in der Registerkarte *Seitenhintergrund* unter *Seitenränder*. Im Pulldown-Menü klicken Sie auf den Pfeil unter *Effekte*.

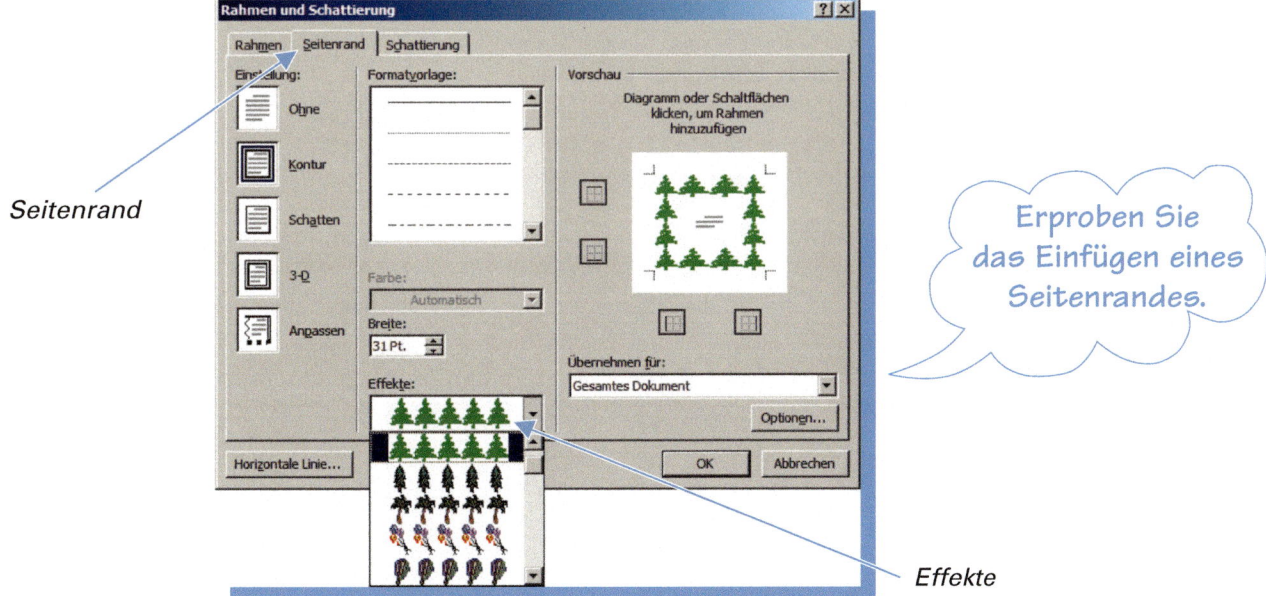

Seitenrand

Erproben Sie das Einfügen eines Seitenrandes.

Effekte

12. Drucken Sie nun als Erstes die Seite mit der Vorder- und Rückseite der Menükarte aus. Legen Sie dann die umgedrehte Seite in den Drucker für den Druck der inneren Seiten ein.

Anmerkung: Beim Einfügen von Seitenrändern muss evtl. unter *Seitenlayout/Seitenränder* das Papierformat in der Höhe bzw. Breite verkleinert werden, damit die Seitenränder beim Druck voll erscheinen.

Gestalten von Plakaten mit unterschiedlichen Schriftarten und Zeichen

Arbeitsauftrag:

1. Überlegen Sie sich einen Anlass, für den Sie eine Plakataktion durchführen wollen,
z. B. einen Herbstmarkt in der Schule oder im Betrieb.

2. Überlegen und notieren Sie Aussagen, die auf dem Plakat enthalten sein müssen, z. B.:

- Wo findet die Aktion statt? – Ort

- Wann findet die Aktion statt? – Zeit

- Wer führt die Aktion durch?
  Adresse, Logo des Betriebes, Telefonnummer des Betriebes, Ansprechpartner

- Welche Waren und Dienstleistungen werden angeboten?

3. Welche Angaben fehlen auf der Einladung des Hauses Sonnenschein zum Herbstmarkt? Vgl. S. 47.

4. Gestalten Sie in einem Word-Dokument ein Plakat für einen Anlass Ihrer Wahl und
drucken Sie das Plakat aus.

Tipps für die Gestaltung des Plakats

Symbolschriften: Plakate können mit besonderen Symbolschriften gestaltet werden.
Bei diesen Schriften verbergen sich hinter den „Buchstaben" Zeichen, die für die Gestaltung
des Plakats genutzt werden sollen.

Für die Auswahl einer Symbolschrift klicken Sie im Menüband auf *Einfügen* und in der Registerkarte
Symbole auf *Symbol* und im Pulldown-Menü auf *Weitere Symbole....* Dann wählen Sie in der neuen
Übersicht die gewünschte Schrift aus, vgl. S. 22.

Einige Beispiele:

Webdings

Wingdings

Gestaltung der Zeichen durch besondere Effekte und Animationen:

Hierfür klicken Sie im Menüband auf *Start* und in der Registerkarte *Schriftart* auf
den Pfeil rechts unten und im dann erscheinenden Dialogfenster mit *Schriftart:*
In der Übersicht können Sie unterschiedliche Texteffekte anklicken.

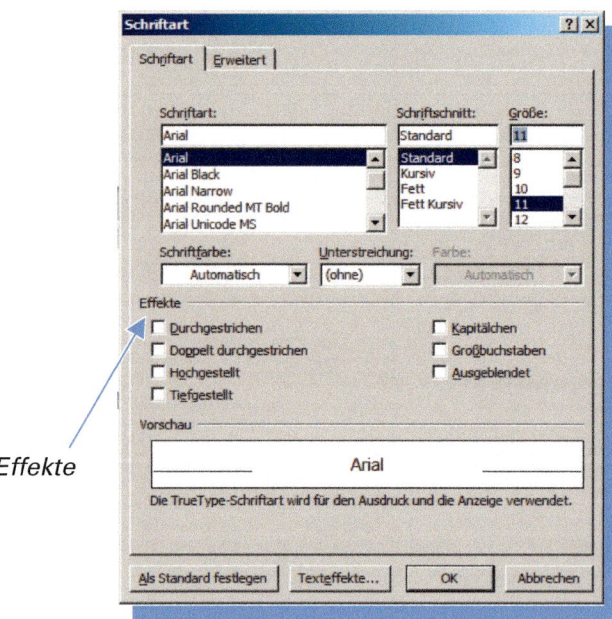

Effekte

Gestaltung mit Symbolen:

Wählen Sie hierfür im Menüband *Einfügen* und klicken Sie in der Registerkarte *Symbole* auf *Symbole/ Weitere Symbole…*.

Sie können passende Symbole für die Gestaltung Ihres Plakats auswählen, z.B.:

Symbole und Schriften können Sie selbstverständlich auch noch farblich gestalten.

Außerdem können Sie in das Plakat einen **Seitenrand** einfügen, vgl. S. 45.

EINLADUNG

zum

HERBSTMARKT

im

Haus Sonnenschein

in Winterberg

AM 1. NOVEMBER 2012

Dauer: 🕘 **9:00 bis 16:00 Uhr** 🕙

Arbeiten mit vorgefertigten Formen

Mit vorgefertigten Formen können Sie Sprechblasen und andere Formen in Ihren Text einfügen.

Um mit den vorgefertigten Formen arbeiten zu können, klicken Sie zunächst im Menüband auf *Einfügen*, anschließend in der Registerkarte *Illustrationen* auf den Pfeil unter *Formen*.

Eine Übersicht mit unterschiedlichen vorgefertigten Formen erscheint.

Welche vorgefertigten Formen gibt es?

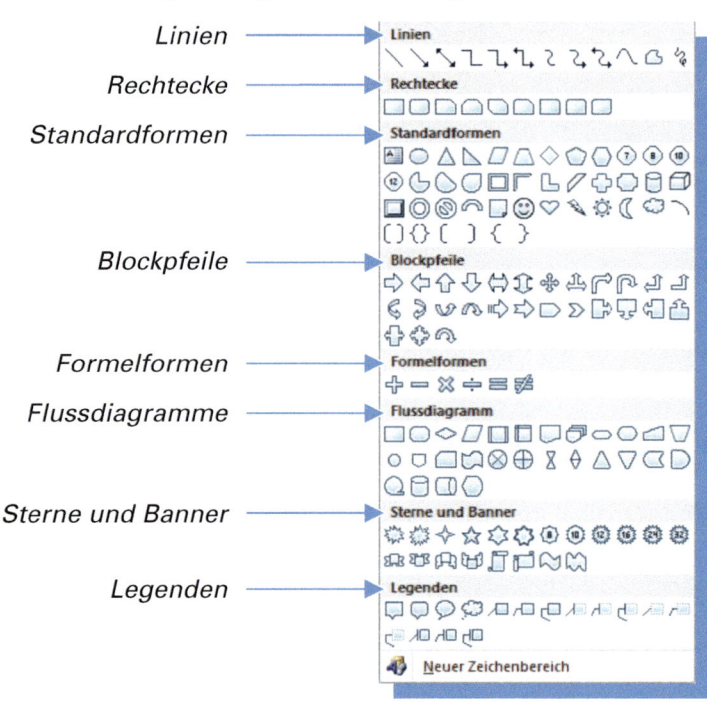

Wie können die vorgefertigten Formen verändert werden?

Die Registerkarte *Formenarten* bietet Möglichkeiten, die vorgefertigten Formen zu verändern.

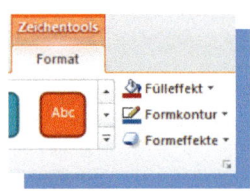

Fülleffekt bedeutet, dass die vorgefertigte Form z. B. mit einer Farbe oder einer Struktur ausgefüllt werden kann.
Formkontur bedeutet, dass Sie die Randlinien der vorgefertigten Formen hinsichtlich der Breite und Farbe verändern können.
Formeffekte bedeutet, dass Sie die vorgefertigten Formen z. B. durch einen Schatten oder einen Leuchteffekt verändern können.

In die vorgefertigten Formen können Sie auch ein Textfeld einfügen und dann einen Text schreiben und diesen wie gewohnt unter *Start/Schriftart* verändern.

Die Größe der **vorgefertigten Formen** kann wie die einer Grafik an den Ziehpunkten verändert werden.
Auch das Smiley ist eine vorgefertigte Form, die gelb ausgefüllt wurde und einen roten Rand erhielt.
An dem grünen Drehpunkt können Sie die vorgefertigten Formen drehen.

Arbeitsauftrag:

Gestalten Sie eine Grußkarte mit Text und vorgefertigten Formen.
Wählen Sie dafür unter *Seitenlayout* das
Papierformat *A4* (Größe) und *Querformat* (Ausrichtung).

Herzlichen Glückwunsch zum Geburtstag

wünscht Heike Fix

Frau Lena Schmidt wird 70

Wir erstellen einen Flyer zum Beruf der Hauswirtschafterin/des Hauswirtschafters

Arbeitsauftrag:

1. Klicken Sie im Menüband auf *Datei* und im Pulldown-Menü auf *Neu*.
   Oben finden Sie *Verfügbare Vorlagen* ①
   und unten *Office.com-Vorlagen* ② online.
   Klicken Sie bei den *Office.com-Vorlagen* auf *Broschüren*.

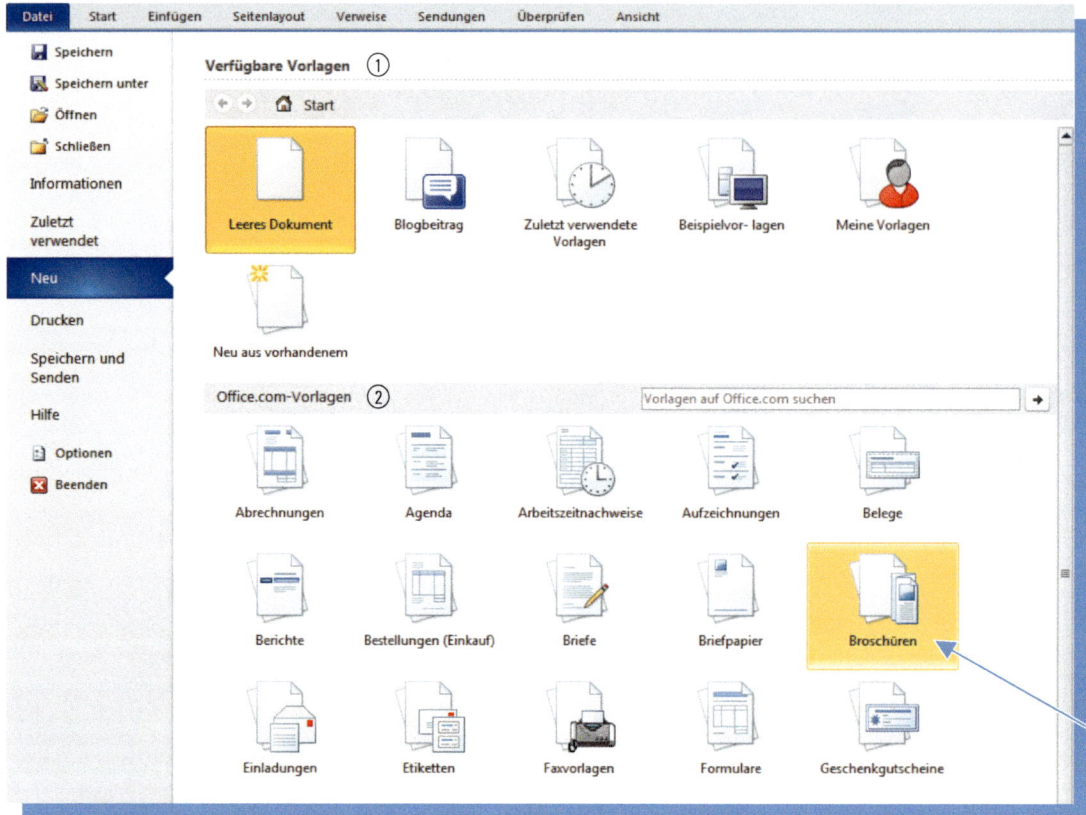

Broschüren

2. In dem neuen Fenster öffnen Sie nun durch einen Doppelklick
   die Vorlage *Broschüre Querformat*. Mit dieser Vorlage können Sie nun
   einen Flyer erstellen.

3. Speichern Sie die Datei unter dem Dateinamen *flyer* in einem Ordner mit dem
   Namen *hauswirtschaft*
   Überlegen Sie zunächst gemeinsam, welche Aussagen in dem Flyer
   enthalten sein müssen, damit die Leserin bzw. der Leser interessante
   Informationen zum Ausbildungsberuf zur Hauswirtschafterin bzw.
   zum Hauswirtschafter bekommt.

4. Erstellen Sie einen Flyer für die Hauswirtschaft.

5. Drucken Sie Ihren Flyer auf weißem oder farbigem Papier aus.
   Der Flyer hat die Größe A4 und wird zweimal gefalzt.

Tipps für die Gestaltung eines Flyers

- **Lesen** Sie die Anmerkungen auf der Formatvorlage für eine Broschüre/einen Flyer.
- Verwenden Sie die vorgegebenen Formatvorlagen.
  Überschreiben Sie den vorgegebenen Text.
- **Drucken** Sie die Seiten 1 und 2 auf die Vorderseite und Rückseite
  eines evtl. farbigen A4-Blattes aus.
- **Falten Sie das Papier** wie einen zweimal gefalzten Flyer,
  sodass die Seite mit der ersten Grafik die Vorderseite bildet.

HAUSWIRTSCHAFT HEUTE
EIN BERUF FÜR JUNGE LEUTE

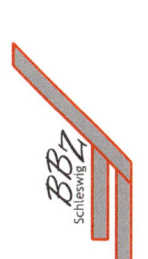

**DER FLYER WURDE
VON DER HWU ERSTELLT**

BBZ Schleswig

Schleswig

Flensburger Str. 19
24837 Schleswig

Telefon 04621 9660-0
Fax 04621 9660-901

WAS UNS AN DEM BERUF BESONDERS GEFÄLLT:

*Die Betreuung und Versorgung bringt uns Auszubildenden in der Hauswirtschaft viel Spaß.
Unsere Arbeitsgebiete sind sehr vielseitig, u.a. in Altenheimen, Kindertagesstätten usw.*

WAS MUSS ICH SONST NOCH WISSEN:

In der Hauswirtschaft gibt es viele Weiterbildungsmöglichkeiten, z.B. Meister/Meisterin.

DIE AUSBILDUNG IN EINEM ÜBERBLICK

Berufsbezeichnung: Hauswirtschafter/in
Ausbildungsdauer: 3 Jahre

Die Ausbildung findet an den Lernorten Betrieb und Berufsschule statt.

Vorausgesetzt wird der Hauptschul- oder der Realschulabschluss.

AUSBILDUNGSGEBIET

Das Arbeitsgebiet des Hauswirtschafters/ der Hauswirtschafterin erstreckt sich auf die hauswirtschaftliche Versorgung und Betreuung von Personen in privaten Haushalten, sozialen Einrichtungen, Haushalten landwirtschaftlicher Unternehmen und Dienstleistungsunternehmen.

BERUFLICHE QUALIFIKATION

Hauswirtschafter/innen sind durch ihre Berufsausbildung qualifiziert, nachstehende Dienstleistungen selbstständig und personenorientiert unter Beachtung der Arbeitsorganisation, des Umweltschutzes, der Hygiene, der Sicherheit und des Gesundheitsschutzes bei der Arbeit sowie wirtschaftlicher und sozialer Zusammenhänge und qualitätssichernder Maßnahmen auszuführen:

- Hauswirtschaftliche Versorgungsleistungen wie Speisenzubereitung, Service, Reinigen und Pflegen von Räumen, Gestalten eines Raumes und des Wohnumfeldes, Reinigung und Pflege der Textilien sowie Vorratshaltung und Warenwirtschaft.

- Hauswirtschaftliche Betreuungsleistungen wie Motivation und Beschäftigung für Menschen in verschiedenen Lebensabschnitten und Lebenssituationen sowie Hilfe bei Alltagsverrichtungen.

- Vermarktung hauswirtschaftlicher Produkte und Dienstleistungen.

DAS IST UNSERE BERUFSSCHULE IN SCHLESWIG:

Unsere Klasse

Wir haben zweimal wöchentlich Unterricht. Montags haben wir Deutsch/Kommunikation, Politik und Datenverarbeitung. Dienstags haben wir Lernfelder, die auf unseren Beruf abgestimmt sind, z. B. Lernfeld 4: Speisen und Getränke herstellen und servieren.

Der Inhalt des Flyers besteht aus fünf wichtigen Elementen:

- Headline – Überschrift
- Fotos und Illustrationen
- Haupttext
- Anreiz zum Handeln
- Name, Adresse und Logo

Headline – Überschrift

Eine gute Headline kann man mit einer Überschrift in einer Zeitung vergleichen. Sie soll kurz und verständlich sein. Die Headline kann als Frage oder als verblüffende Aussage formuliert werden.

Suchen Sie einen modernen Ausbildungsberuf?

Fotos oder Illustrationen

Ein Flyer in diesem Format sollte nach Möglichkeit mit mehreren Abbildungen illustriert werden. Passende Fotos können im Internet gesucht bzw. mit einer digitalen Kamera erstellt werden. Diese werden dann in den Flyer eingefügt.

Haupttext – Anreize zum Handeln

Der Haupttext muss so gestaltet werden, dass der Leser darauf reagiert. Der Haupttext wird meist im Präsens verfasst, das stellt Nähe zum Leser her.
Der Text sollte möglichst kurze und aussagekräftige Sätze enthalten.
Der Text sollte einen Anreiz zum Handeln geben.

Name, Adresse und Logo

Nachdem das Interesse des Lesers geweckt worden ist, muss mitgeteilt werden, wo man weitere Informationen bekommen kann bzw. wo die Ware, Dienstleistung oder Ausbildung angeboten wird. Ein Logo erhöht beim Leser den Wiedererkennungswert.

Logo der Hauswirtschaft,

entwickelt von den Auszubildenden an der Adolf-Reichwein-Schule in Limburg.

Genauigkeit bei der Erstellung

Achten Sie auf die Rechtschreibung und sorgen Sie dafür, dass Adresse, Telefonnummer und Ähnliches stimmen. Auch die Werbeaussagen und evtl. Preisangaben müssen stimmen.
Fehler können Sie teuer zu stehen kommen.

Auf der nächsten Seite sehen Sie den Flyer der HwU in Schleswig.

Tipps für wirkungsvolle Flyer:

- Finden Sie einen kurzen, aussagekräftigen Slogan als Headline.
- Heben Sie besonders die Vorteile eines Produkts, einer Dienstleistung oder eines Ausbildungsberufs hervor.
- Verwenden Sie nur aussagekräftige Fotos und Grafiken von hoher Qualität.
- Bieten Sie einen Handlungsanreiz.

Vierter Teil der Lernkartei

Arbeitsauftrag:

Öffnen Sie erneut das Word-Dokument *lernkartei.docx*
und schreiben Sie den folgenden Text zusätzlich in diese Datei.
Ergänzen Sie dabei die fehlenden Textteile.

Speichern von Bildern/Grafiken

Ich setze den Mauszeiger auf das Bild und drücke die rechte Maustaste.
Es erscheint ein Menü. Hier klicke ich auf Als Grafik speichern… . Dann wähle ich
einen Speicherort und einen Namen für das Bild aus.

Einfügen von Bildern/Grafiken

Ich setze den Mauszeiger in das Textfeld bzw. an die Stelle im Dokument,
wo ich das Bild einfügen will. Dann klicke ich im Menüband auf Einfügen
und in der Registerkarte Illustrationen auf Grafik . Danach wähle ich mit
einem Doppelkick das Bild aus, das eingefügt werden soll.

Löschen von Bildern/Grafiken

Zunächst klicke ich mit dem Mauszeiger auf das Bild und markiere es so.
Dann klicke ich im Menüband auf Start und in der Registerkarte auf die Schere .

Bilder/Grafiken an die richtige Stelle im Text bringen

Nach einem Doppelklick auf den Textfeldrand klicke ich in der Registerkarte Anordnen auf den Pfeil unter Position und im Pulldown-Menü auf
Weitere Layoutoptionen… . Es erscheint ein neues Fenster ,
in dem ich auf Textumbruch klicke . Dann kann ich auf Passend klicken,
dann läuft der Text um das Bild herum. Ich kann auch auf Hinter den Text klicken, dann
steht das Bild hinter dem Text. Oder ich klicke auf Vor den Text, dann steht das Bild vor dem Text.
Schließlich kann ich auch noch auf Mit Text in Zeile klicken, dann befindet sich
der Text oberhalb und unterhalb vom Bild.

Veränderung der Größe von Bildern/Grafiken

An den Ecken des Bildes und in der Mitte der Seitenlinien
des Bildes erscheinen nach dem Markieren Kreise und Quadrate. Wenn ich den
Mauszeiger auf einen dieser Kreise oder Quadrate setze, wird der Mauszeiger zu einer
Linie mit einer doppelten Pfeilspitze . Hier kann ich nun durch
Ziehen oder Schieben mit gedrückter linker Maustaste die Bildgröße verändern.

Verändern der Position eines Bildes/einer Grafik in einem Textfeld

Wenn ich das Bild in dem Dokument verschieben will, klicke ich mit
gedrückter linker Maustaste auf den Textfeldrand .
Wenn der Mauszeiger zum Kreuz geworden ist, kann ich das Bild verschieben .

Erstellen eines Ordners

Ich klicke z. B. mit gedrückter rechter Maustaste auf den Desktop. In dem Menü
an dem Mauszeiger klicke ich auf Neu und dann auf Ordner . Auf dem
Desktop entsteht nun ein neuer Ordner . In das Feld unter dem Ordner
schreibe ich den Namen , den der Ordner erhalten soll. Mit dem Mauszeiger kann ich
nun Dateien in den Ordner schieben.

Löschen und Umbenennen von Ordnern

Wenn ich einen Ordner löschen will, klicke ich mit gedrückter rechter
Maustaste auf den Ordner und in dem neuen Menü an dem Mauszeiger auf
Löschen . Wenn ich einen Ordner umbenennen möchte, klicke ich mit gedrückter
rechter Maustaste auf den Ordner und in dem neuen Menü an dem Mauszeiger
auf Umbenennen. Danach schreibe ich den neuen Namen in das entsprechende Feld
.

Anlegen und Benutzen einer E-Mail-Adresse

Arbeitsauftrag:

1. Richten Sie sich eine E-Mail-Adresse bei www.web.de ein.

2. Schreiben Sie eine E-Mail an eine Mitschülerin oder einen Mitschüler Ihrer Wahl.

3. Öffnen Sie eine E-Mail, die Sie von einer Mitschülerin oder einem Mitschüler bekommen haben.

4. Verschicken Sie eine E-Mail mit Anhang.

5. Schreiben Sie die E-Mail-Adressen Ihrer Mitschüler/innen in das Adressbuch.

6. Nutzen Sie das Adressbuch beim Schreiben von E-Mails.

7. Verlassen Sie die Internetseite von www.web.de
   Vor dem Verlassen der Internetseite loggen Sie sich bitte immer aus!

8. Surfen Sie erneut zu www.web.de und loggen Sie sich ein. Öffnen Sie dann Ihren Posteingang.

Tipps für das Einrichten der E-Mail-Adresse

Surfen Sie z.B. zu www.web.de Hier können Sie sich eine kostenlose E-Mail-Adresse einrichten.

hier klicken

Klicken Sie auf *E-Mail kostenlos – jetzt registrieren!*

Nun erscheint ein Button, auf den Sie klicken müssen, wenn Sie eine kostenlose E-Mail-Adresse haben wollen.

Die Seiten können etwas anders aussehen, da sie laufend aktualisiert werden.

hier klicken

Danach erscheint das Anmeldeformular, das Sie ausfüllen müssen.

Schritt 1 – Persönliche Angaben:

Dieser E-Mail-Dienst ist kostenlos! Wenn Sie zur Abgabe Ihrer Kontodaten aufgefordert werden, verweigern Sie das.

usw.

E-Mail-Anhang: Wenn Sie ein Bild oder einen weiteren Text mit Ihrer E-Mail verschicken wollen, klicken Sie zunächst auf das Feld *Anlagen hinzufügen* und wählen die Datei aus, die Sie verschicken wollen.
Die Datei wird dann mit der E-Mail verschickt.

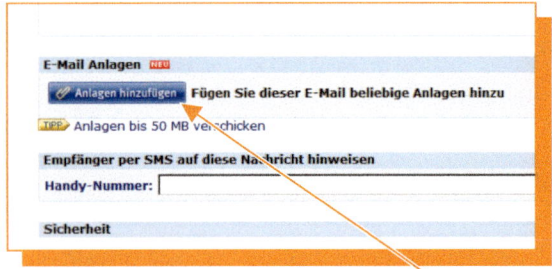

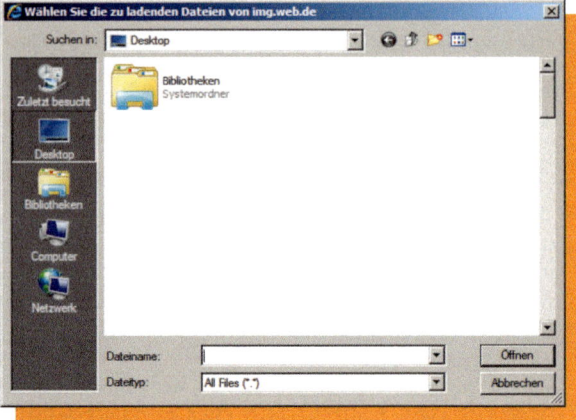

Durchsuchen…

Wenn man keine Flatrate hat, kann es teuer werden, E-Mails online zu schreiben, da die Verbindungszeit bezahlt werden muss.

Arbeitsauftrag:

Schreiben Sie eine E-Mail in Word und kopieren Sie sie in die Vorlage bei www.web.de

Öffnen einer E-Mail

Klicken Sie zunächst auf *Posteingang*. Nun können Sie sehen, ob Sie eine neue E-Mail bekommen haben. Heike Fix hat eine E-Mail von Klauslangsam@web.de bekommen. Unter Betreff hat Klaus Langsam „E-mail-Begruessung" geschrieben.

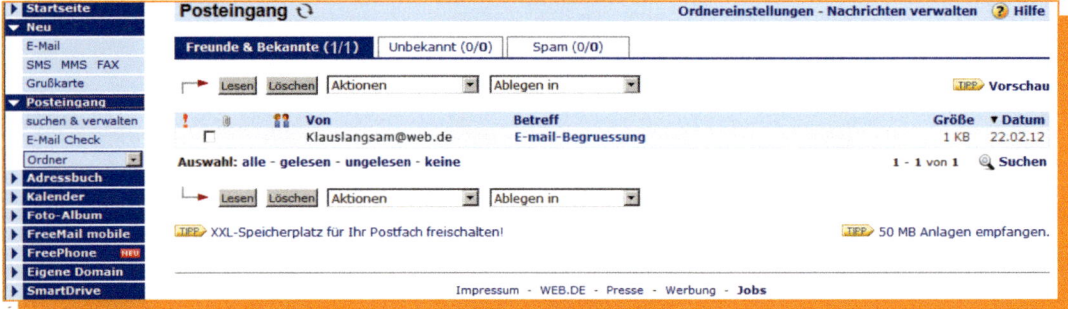

Durch einen Klick auf die Zeile wird die E-Mail geöffnet.

Wie komme ich bei einem erneuten Besuch bei www.web.de an mein Postfach?

Sie surfen wiederum zu www.web.de

> Auf den Button Logout beim Verlassen klicken, sonst gibt es beim nächsten Besuch Schwierigkeiten beim Einloggen!

Auf der Startseite von WEB.DE FreeMail geben Sie Ihren Nutzernamen und Ihr Passwort ein. Klicken Sie dann auf *Login*. Heike Fix hat es Ihnen schon einmal vorgemacht.
Nun gelangen Sie zu Ihrem Postfach bei WEB.DE FreeMail.

Arbeitsauftrag:

1. Löschen Sie überflüssige E-Mails.

2. Schreiben Sie eine E-Mail auf Briefpapier (Hintergrund).

3. Schreiben Sie eine Grußkarte.

Achtung: Auf den Seiten gibt es Kaufangebote, passen Sie auf, dass Sie nicht unbeabsichtigt Besitzer der angebotenen Waren werden.

Speichern von Informationen aus dem Internet

Arbeitsauftrag:

1. Surfen Sie zu www.dge.de und suchen Sie nach einem Thema, das sich mit gesunder Ernährung befasst. Drucken Sie den Artikel aus.

2. Surfen Sie zu www.vzbv.de und stellen Sie fest, in welcher Stadt der Verbraucherzentrale Bundesverband e.V. seinen Sitz hat. Stellen Sie außerdem fest, in welchen Städten ihres Bundeslandes sich Beratungsstellen befinden.

3. Surfen Sie zu www.aid.de und suchen Sie nach einem Artikel, den Sie herunterladen – downloaden – können.

4. Erstellen Sie eine Tabelle mit interessanten Internetadressen für Hauswirtschafterinnen und Hauswirtschafter, vgl. unten, und ergänzen Sie diese.

5. Ermitteln Sie die Internetadresse Ihres eigenen Betriebes. Drucken Sie Bilder von Ihrem Betrieb aus.

6. Schicken Sie einen Artikel, den Sie heruntergeladen haben, in einem Zip-komprimierten Ordner an Ihre eigene E-Mail-Adresse.

7. Geben Sie bei der Suchmaschine Google das Suchwort *Kohlrabi* ein und starten Sie Google-Suche. Klicken Sie danach links oben am Bildschirmrand auf *Bilder*.
Es erscheint eine Übersicht mit Bildern zu dem Thema. Speichern Sie eines dieser Bilder.
Schicken Sie das Bild in dem Anhang einer E-Mail an Ihre eigene E-Mail-Adresse.

Bilder zu **Kohlrabi** - Bilder melden

8. Suchen Sie im Internet nach Rezepten mit Kohlrabi und drucken Sie drei dieser Rezepte aus.

Liste interessanter Internetadressen für die Hauswirtschaft

Organisation	Internetadressen
Bundesverband hauswirtschaftlicher Berufe e.V.	www.verband-mdh.de
Deutsche Gesellschaft für Hauswirtschaft e.V.	www.dghev.de
Deutsche Gesellschaft für Ernährung e.V.	www.dge.de
Verbraucherzentrale Bundesverband e.V.	www.vzbv.de
aid infodienst Verbraucherschutz, Ernährung, Landwirtschaft e.V.	www.aid.de
usw.	

Tipps für die Durchführung

Kopieren von Texten aus Webseiten:

Öffnen Sie eine Webseite und markieren Sie den Text auf der Webseite, der kopiert werden soll.
Anschließend klicken Sie in der Menüleiste auf *Seite* und im Pulldown-Menü auf *Kopieren*.

Öffnen Sie ein Word-Dokument. Zum Einfügen der Daten in das Word-Dokument müssen Sie
nun im Menüband auf *Start* und in der Registerkarte *Zwischenablage* auf *Einfügen* klicken.
Der kopierte Text wird so in das Word-Dokument eingefügt und kann nun bearbeitet werden.

Speichern von Webseiten mithilfe des Browsers:

Öffnen Sie eine Webseite. Danach klicken Sie in der Menüleiste auf das Zahnrad ⚙ und im
Pulldown-Menü auf *Datei* ▶ und dann auf *Speichern unter….* Anschließend wählen Sie den
gewünschten Speicherort aus und bestätigen mit *Speichern*.

Ausdrucken von Webseiten:

Öffnen Sie eine Webseite. Danach klicken Sie in der Menüleiste auf das Zahnrad,
dann auf *Drucken* ▶ und zuletzt auf *Drucken….*
Falls die gewünschte Seite nicht in der gesamten Breite ausgedruckt wird, ist es notwendig,
im Pulldown-Menü unter *Seite einrichten…* das Papierformat auf *Querformat* umzustellen.

Ausdrucken eines bestimmten Abschnitts:

Falls nur ein bestimmter Abschnitt der Webseite ausgedruckt werden soll,
wird dieser markiert. Dann in der Menüleiste auf das Zahnrad
und im Pulldown-Menü auf *Drucken* ▶ und schließlich auf *Drucken…* klicken.
In dem neuen Fenster *Markierung* anklicken und dies dann mit *Drucken* bestätigen.

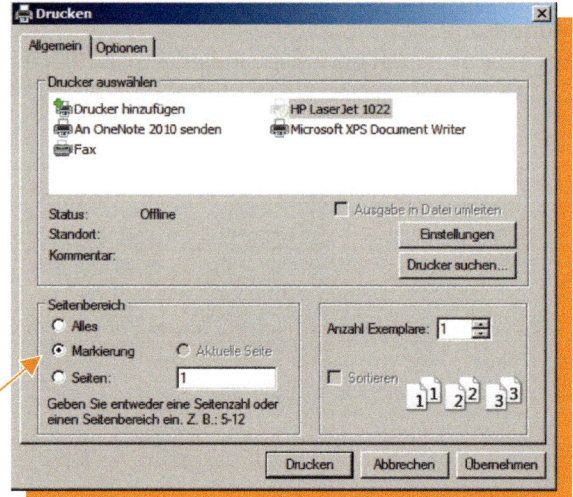

Markierung

> Markierung muss angeklickt sein.

Download von Freeware: Freeware sind Computerprogramme, die man sich kostenlos
herunterladen kann. Bei einem Download öffnet sich dieses Fenster. Auf *Speichern*
klicken und den Speicherort auswählen. Schon ist die Software auf dem PC.

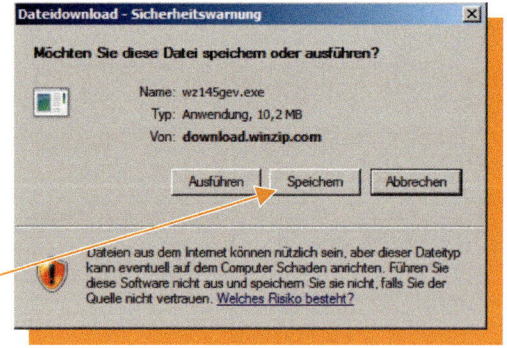

Speichern

> Größe der Datei beachten!
> Sonst kann es
> teuer werden, da viel
> Zeit zum Herunterladen
> benötigt wird.

Meine persönliche Webseite

Ich heiße Heike Fix und mache im Haus Sonnenschein eine Ausbildung als Hauswirtschafterin.

Das Haus Sonnenschein ist ein Heim für Senioren. Ich liebe meine abwechslungsreiche Arbeit im Haus Sonnenschein und den Kontakt zu unseren munteren Senioren.

In der Berufsschule machen wir gerade den Computerführerschein. Hier habe ich auch gelernt, wie ich diese Webseite erstellen kann. Wenn Du mehr über den Computerführerschein wissen möchtest, schreib mir.

Hier gibt es mehr Informationen zu meinem Beruf.

Klicke einfach auf diesen Text.

Ich habe bei der Erstellung dieses Word-Dokuments zunächst auf Speichern unter und dann in dem gleichnamigen Dialogfeld auf den Pfeil neben Dateityp geklickt und das Format Webseite ausgewählt.

Dann habe ich auf die Schaltfläche Titel ändern... geklickt und hier den Titel für meine Webseite eingegeben.

Z.B. im Internet Explorer kann ich mir nun ansehen, wie meine Webseite im Internet aussieht.

Zur Gestaltung des Hintergrunds meiner Webseite habe ich zunächst auf Seitenlayout und dann in der Registerkarte Seitenhintergrund auf Seitenfarbe und im Pulldown-Menü auf Fülleffekte... geklickt und mir hier die Hintergrundstruktur für meine Webseite ausgewählt.

Meine E-Mail-Adresse

Wenn ich eine E-Mail-Adresse in meine Webseite einbauen will, markiere ich die Schrift Meine E-Mail-Adresse. Dann klicke ich auf Hyperlink und in der neuen Übersicht auf E-Mail-Adresse und gebe hier folgenden Text ein: mailto: heikefix.web.de

Wenn ich eine Verknüpfung zu einer anderen Seite herstellen will, markiere ich zunächst das Zeichen, mit dem ich die Verknüpfung herstellen will, dann klicke ich auf Hyperlinks und wähle ich die Seite aus, mit der ich diese verknüpfen will. Der Benutzer kann dann im Internet zwischen den beiden Seiten wechseln.

Sicher willst Du jetzt auch Deine eigene Webseite erstellen.

Viel Spaß dabei

wünscht dir **Heike Fix**

Der Programmstart des Nährwertprogramms

Zunächst bewegen Sie sich mit dem Vorwärtspfeil
in das weitere Programm.

Benutzername: Nun müssen Sie einen
Benutzernamen eingeben.
Sie sollten immer den gleichen Benutzernamen
verwenden, dann finden Sie Ihre bereits
berechneten Tageskostpläne usw. wieder.
Danach klicken Sie auf den Fertig-Knopf [✓].

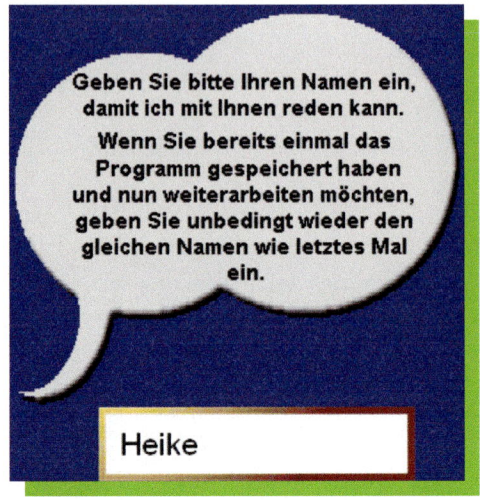

Fertig-Knopf

Übersicht über die Steuerung des Nährwertprogramms

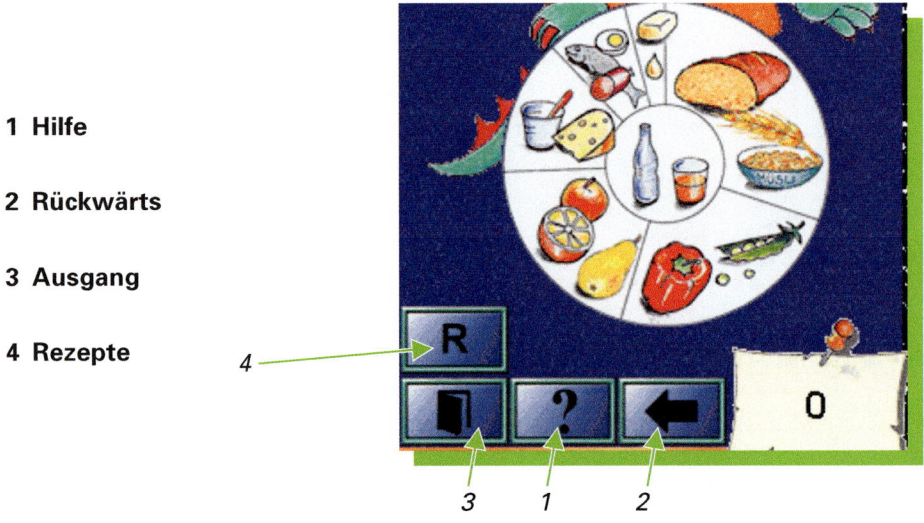

1 Hilfe

2 Rückwärts

3 Ausgang

4 Rezepte

Die einzelnen Werte in
den verschiedenen
Kostplänen werden
jeweils gerundet ange-
geben. Es wurde jedoch
mit den genauen Werten
gerechnet. Auf diese
Weise können beim
Nachrechnen gering-
fügige Differenzen
auftreten.

AUFGABENBLÖCKE DES NÄHRWERTPROGRAMMS

Übersicht über die Aufgabenblöcke des Nährwertprogramms:

1 Vielfache Mengen	**2 Teilmengen**
3 Messen	**4 Wiegen/Sortieren**
5 Sollwerte/Bedarfsgruppen	**6 Body-Mass-Index**
7 Nährwertberechung selbst durchgeführt	**8 Nährwertberechnung durch den Computer**

Grün gekennzeichnet sind die Aufgabenblöcke, die im Folgenden benutzt werden.

Hinter den gezeigten Aufgabenblöcken finden Sie durch Anklicken weitere Aufgaben, zwei Beispiele dazu werden hier gezeigt:

5 Sollwerte/Bedarfsgruppen

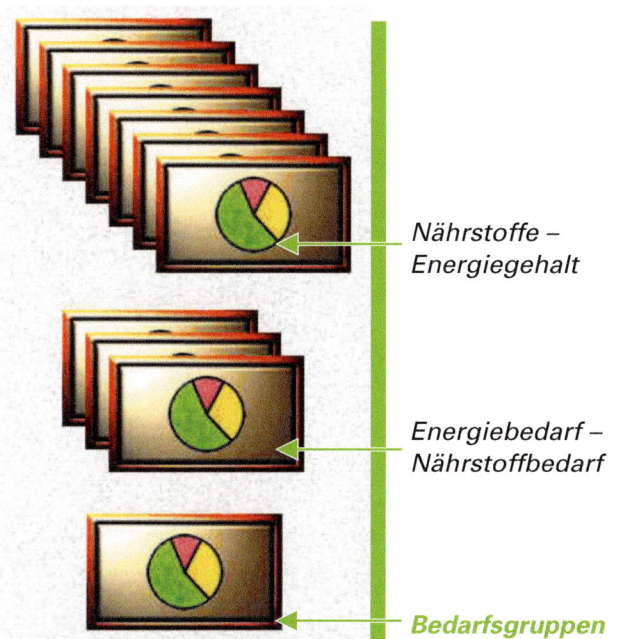

Nährstoffe – Energiegehalt

Energiebedarf – Nährstoffbedarf

Bedarfsgruppen

4 Wiegen/Sortieren

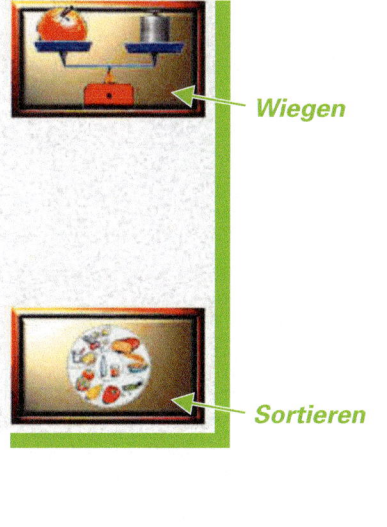

Wiegen

Sortieren

Nur die Unteraufgabe *Bedarfsgruppen* wird hier verwendet.

Ermittlung des Energiebedarfs und Nährstoffbedarfs von Personen

Aufgabenblock Sollwerte/Bedarfsgruppen – Unteraufgabe Bedarfsgruppen anklicken

Tipps für die Benutzung des Aufgabenblocks

Eingabe von Alter und Geschlecht: In diesem Fall gibt Heike Fix das Alter und Geschlecht von Jan Hansen ein.

Zunächst müssen das Alter – hier 18 Jahre – und das Geschlecht – hier männlich – eingegeben werden. Dazu klickt man auf das *?* vor *Jahre* und gibt dann das Alter ein, danach klickt man je nach Geschlecht auf den *Mann* oder die *Frau*.

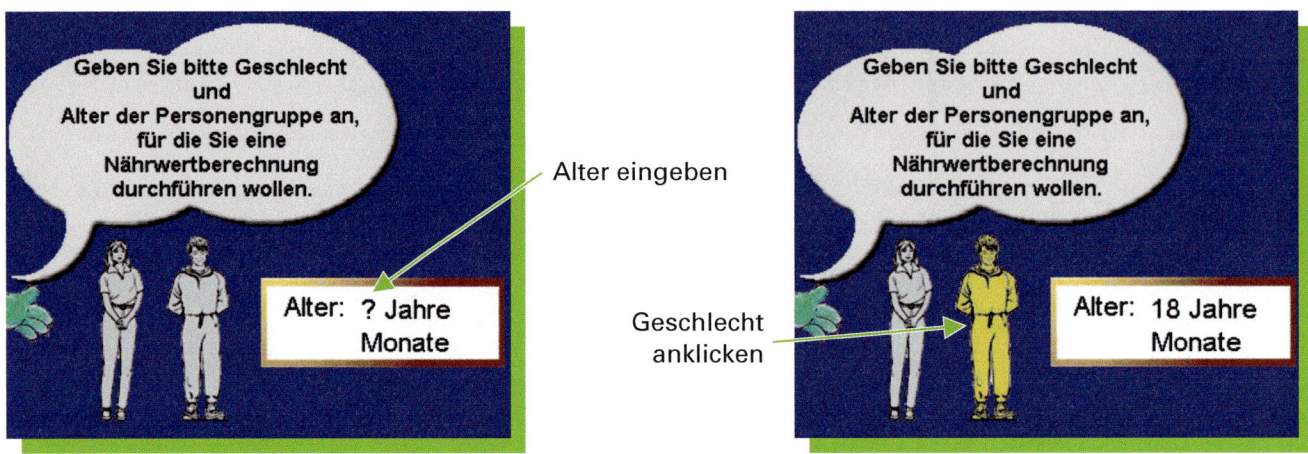

Danach klickt man auf den Vorwärtspfeil [➜]. Jetzt erfolgt eine genauere Bestimmung der Bedarfsgruppe.

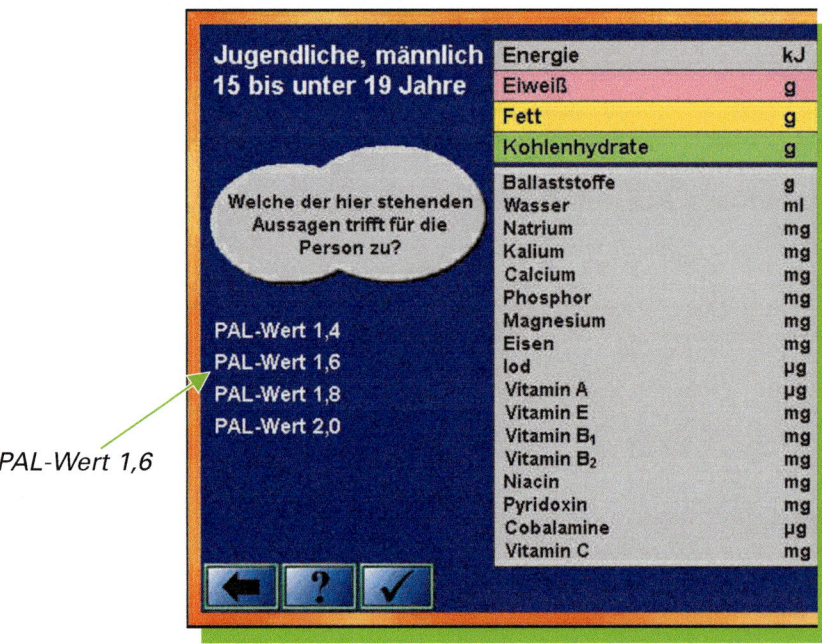

Bei allen Personen muss hier der zusätzliche Energiebedarf – PAL-Wert – entsprechend der körperlichen Betätigung eingegeben werden. Am besten schauen Sie unter dem Hilfetext [*?*], für welche Tätigkeiten die einzelnen PAL-Werte stehen. Jan Hansen hat einen PAL-Wert von 1,6. Also muss Heike Fix auf *PAL-Wert 1,6* klicken. Nun erscheinen in der Übersicht der Energiebedarf und Nährstoffbedarf von Jan Hansen.

Jugendliche, männlich 15 bis unter 19 Jahre PAL-Wert 1,6			
Energie	12200	kJ
Eiweiß	108	g
Fett	99	g
Kohlenhydrate	395	g

Achtung: Hier ist nur ein Teil der Lösung abgebildet.

Arbeitsauftrag:

1. Ermitteln Sie mithilfe des Programmabschnitts *Bedarfsgruppen* den Energiebedarf folgender Personen:

   a) Susanne ist 10 Jahre alt, ihr Energiebedarf beträgt <u>8500</u> kJ.

   b) Jens ist 10 Jahre alt, sein Energiebedarf beträgt <u>9400</u> kJ.

   c) Petra Sonntag ist 17 Jahre alt. Sie hat einen PAL-Wert von 1,4.

      Ihr Energiebedarf beträgt <u>8500</u> kJ.

   d) Jürgen Montag ist 16 Jahre alt. Er hat einen PAL-Wert von 1,4.

      Sein Energiebedarf beträgt <u>10600</u> kJ.

   e) Frau Eva Meier ist 25 Jahre alt, sie ist Hauswirtschafterin.
      Sie hat einen PAL-Wert von 1,6.
      Der Energiebedarf von Frau Meier beträgt <u>9000</u> kJ.

   f) Herr Olaf Paulsen ist 26 Jahre alt, er ist Hauswirtschafter. Er hat einen PAL-Wert von 1,6.

      Der Energiebedarf von Herrn Paulsen beträgt <u>11700</u> kJ.

   g) Herr Jürgen Müller ist 40 Jahre alt, er ist Lehrer. Er hat einen PAL-Wert von 1,4.

      Der Energiebedarf von Herrn Müller beträgt <u>10200</u> kJ.

   h) Die Freundin von Frau Meier ist im 5. Monat schwanger, sie ist 25 Jahre alt.

      Sie hat einen PAL-Wert von 1,4. Ihr Energiebedarf beträgt <u>8900</u> kJ.

   i) Ermitteln Sie Ihren eigenen Energiebedarf. Mein Energiebedarf beträgt <u>   </u> kJ.

2. Übertragen Sie die Personennamen und den jeweils ermittelten Energiebedarf der verschiedenen Personen in eine Tabelle in ein Word-Dokument.

3. Versehen Sie den Tabellenkopf mit einer Schattierung.

4. Alle weiblichen Namen sollen grün erscheinen, alle männlichen Namen blau und die Zahlen rot.

Namen	Energiebedarf	Fettbedarf
Susanne	8500	69
Jens	9400	76
Petra	8500	69
Jürgen	10600	86
Frau Meier	9000	73
Herr Paulsen	11700	95
Herr Müller	10200	83
Freundin von Frau Meier	8900	72

5. Ermitteln Sie mit dem Programmabschnitt den jeweiligen Fettbedarf der verschiedenen Personen.
Ergänzen Sie den jeweiligen Fettbedarf der verschiedenen Personen in dem Word-Dokument.

6. Erkunden Sie den Programmabschnitt „Messen".
Sie können jederzeit auf das Fragezeichen [**?**] klicken, dann bekommen Sie Hilfe.

Überprüfung des Körpergewichts verschiedener Personen

Aufgaben zum Body-Mass-Index (BMI)

Tipps für die Benutzung des Aufgabenblocks

Nach einem Klick auf diesen Aufgabenblock erscheinen zwei Bilder mit Personenwaagen.

a) Mit dem oberen Programmabschnitt können Sie den BMI selbst ermitteln.

b) Im unteren Programmabschnitt überprüft der Computer den BMI selbstständig.

a) Selbst durchgeführt

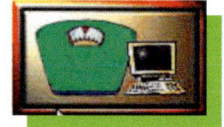

b) Überprüfung durch den Computer

Klicken Sie zunächst auf die obere Personenwaage – selbst durchgeführt.

Sie sollen nun das Körpergewicht von Heike Fix überprüfen.
Hat Heike Fix Normalgewicht, Untergewicht oder Übergewicht?
Heike Fix ist 165 cm groß und wiegt 55 kg. Geben Sie zunächst die Körpergröße
von Heike Fix ein und folgen Sie dann dem weiteren Programmablauf.
Der Hilfetext steht Ihnen jederzeit zur Verfügung.
So muss das Bild am Ende aussehen, wenn alles geklappt hat.

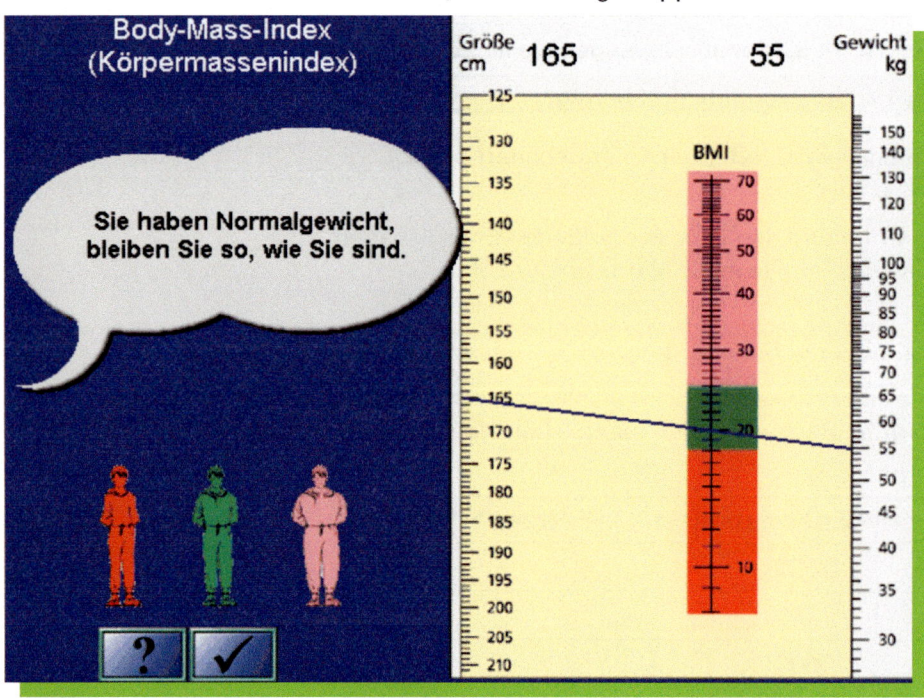

Klicken Sie nun auf die untere Personenwaage – Überprüfung durch den Computer.

Sie sollen nun das Körpergewicht von Klaus Langsam überprüfen.
Klaus Langsam ist 180 cm groß und wiegt 83 kg.
Hat Klaus Langsam Normalgewicht, Untergewicht oder Übergewicht?
Auch hier steht Ihnen der Hilfetext jederzeit zur Verfügung.

Achtung: Hier ist nur ein Teil der Lösung abgebildet.

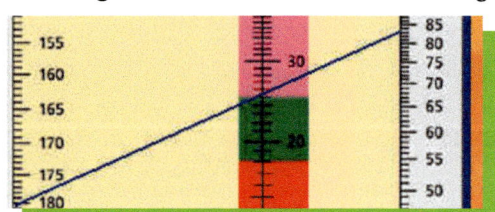

Heike Fix hat *Normalgewicht* .

Klaus Langsam hat *Übergewicht* .

Überprüfen Sie noch Ihr eigenes Gewicht.

Weitere Aufgaben – Überprüfung des Körpergewichts durch den Computer

Arbeitsauftrag:

Lösen Sie mithilfe des Nährwertprogramms die folgenden Aufgaben:

1. Peter Hansen ist 180 cm groß und wiegt 75 kg.
Ermitteln Sie, ob Peter Hansen Normalgewicht, Untergewicht oder Übergewicht hat.

Peter Hansen hat <u>Normalgewicht</u> .

2. Ute König ist 170 cm groß.
a) Ermitteln Sie, wie viel kg Ute König mindestens wiegen muss, damit sie Normalgewicht hat.

Ute König muss mindestens <u>52 kg</u> wiegen, damit sie Normalgewicht hat.

b) Ermitteln Sie, wie viel kg Ute König höchstens wiegen darf, damit sie noch Normalgewicht hat.
Ute König darf höchsten <u>73 kg</u> wiegen, damit sie noch Normalgewicht hat.

3. Sascha Petersen hat eine Körpergröße von 168 cm. Sein Körpergewicht beträgt 50 kg.
Wie viel kg muss er zunehmen, damit er Normalgewicht erreicht?

Sascha Petersen muss <u>1 kg zunehmen</u> , damit er das <u>Normalgewicht</u> erreicht.

4. Sara Schäufle hat eine Körpergröße von 170 cm, ihr Körpergewicht beträgt 75 kg.
Wie viel kg muss Sara Schäufle abnehmen, damit sie Normalgewicht erreicht?

Sara Schäufle muss <u>2 kg</u> abnehmen, damit sie <u>Normalgewicht</u> erreicht.

5. Hussan Oktern ist 180 cm groß, er wiegt 75 kg.
Hussan möchte eine Abmagerungsdiät machen. Beurteilen Sie sein Vorhaben.

Hussan Oktern hat <u>Normalgewicht</u> . Hussan Oktern sollte <u>keine Abmagerungsdiät</u> machen.

6. Eine Person wiegt 65 kg.
a) Ermitteln Sie: Wie groß muss die Person sein, damit sie noch Normalgewicht hat?

Die Person muss mindestens <u>160 cm</u> groß sein, damit sie noch <u>Normalgewicht</u> hat.

b) Ermitteln Sie: Wie groß darf die Person höchsten sein, damit sie noch Normalgewicht hat?

Die Person darf höchstens <u>190 cm</u> groß sein, <u>damit sie noch Normalgewicht hat</u> .

7. Geben Sie in die Suchmaschine Google den Begriff *BMI* ein.

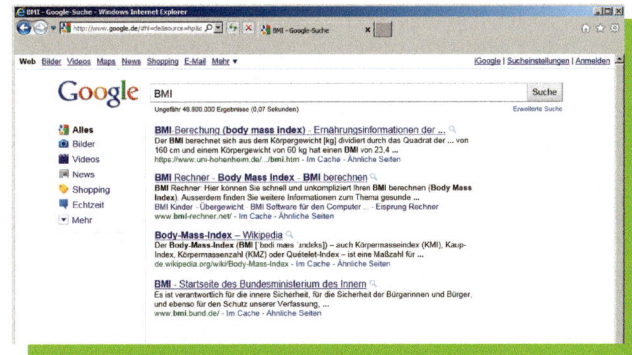

8. Suchen Sie in den gefundenen Links nach Angaben zur Einteilung in Normalgewicht, Untergewicht und Übergewicht nach dem BMI für Frauen und Männer und tragen Sie diese Werte in die Tabelle in einem Word-Dokument ein.

Klassifikation	m	w
Untergewicht	< 20	< 19
Normalgewicht	20 – 25	19 – 24
Übergewicht	25 – 30	24 – 30
Adipositas	30 – 40	30 – 40
massive Adipositas	> 40	> 40

Wiegen und Messen von Lebensmittelportionen und Getränkeportionen

Tipps für die Benutzung des Aufgabenblocks

Nachdem Sie den Aufgabenblock *Wiegen/Sortieren* ausgewählt haben, klicken Sie auf die obere Waage. Nun erscheint der Ernährungskreis. Heike Fix will das durchschnittliche *Gewicht eines Apfels* ermitteln. Heike Fix klickt also auf die Lebensmittelgruppe *Obst* im Ernährungskreis.

Es erscheint eine Übersicht von Obstsorten, deren Gewicht ermittelt werden kann.

Heike Fix klickt nun auf den *Apfel*.

Das nächste Bildschirmfenster zeigt den Apfel auf einer Waage. Das Gewicht des Apfels ermittelt sie, indem sie die entsprechende Menge an Gewichten mit dem Mauszeiger auf die rechte Waagschale zieht. Wenn sich beide Waagschalen auf gleicher Höhe befinden, hat Heike Fix das richtige Gewicht ermittelt.

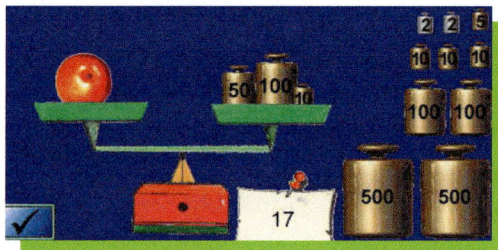

Wiegen des Apfels

Das Gewicht des Apfels muss Sie nun noch in das Eingabefeld eintragen. Heike Fix hat ermittelt, dass ein Apfel durchschnittlich 160 g wiegt.

Heike Fix möchte nun noch wissen, wie viel Saft in ein Saftglas passt. Sie klickt also auf die Lebensmittelgruppe *Getränke* und dann auf das *Saftglas*.

Übersicht an Getränken

Das nächste Bildschirmfenster zeigt das Saftglas neben einem Messbecher. Heike Fix zieht das Saftglas mit dem Mauszeiger in den Messbecher. Sie kann nun die Saftmenge, die in das Glas passt, an der Skala des Messbechers ablesen.

Das Saftglas neben dem Messbecher

In das Saftglas passen 200 ml Saft.

Wenn der Pfeil nach rechts [➜] zu sehen ist, gibt es zu der Lebensmittelgruppe noch weitere Lebensmittel.

Arbeitsauftrag:

1. Ermitteln Sie mithilfe des Computerprogramms das Gewicht bzw. das Volumen der unten aufgeführten Lebensmittel- und Getränkeportionen.

2. Erstellen Sie eine entsprechende Tabelle in einem Word-Dokument mit den gewogenen bzw. gemessenen Lebensmittel- und Getränkeportionen.

3. Sortieren Sie die Lebensmittel und Getränke alphabetisch.

4. Drucken Sie die Tabelle aus.

Gewicht bzw. Volumen von Lebensmittelportionen und Getränkeportionen

Lebensmittel	Menge in g/ml
Apfel	160
Saftglas, Inhalt	200
Nudeln, Portion	60
Aubergine	300
Bohnen, Portion	200
Grapefruit	375
Milchglas, Inhalt	250
Camembert, Portion	30
Schlagsahne, Becher	200
Portion Hackfleisch	90
Lachs, Scheibe	40
Avocado	200
Zuckerstück	5
Eiskugel	30
Bratwurst	150
Teeglas, Inhalt	250
Kaffeetasse, Inhalt	125
Erdbeeren, Portion	125
Kiwi	50
Banane	150

Lebensmittel	Menge in g/ml
Apfel	160
Aubergine	300
Avocado	200
Banane	150
Bohnen, Portion	200
Bratwurst	150
Camembert, Portion	30
Eiskugel	30
Erdbeeren, Portion	125
Grapefruit	375
Kaffeetasse, Inhalt	125
Kiwi	50
Lachs, Scheibe	40
Milchglas, Inhalt	250
Nudeln, Portion	60
Portion Hackfleisch	90
Saftglas, Inhalt	200
Schlagsahne, Becher	200
Teeglas, Inhalt	250
Zuckerstück	5

Sortieren von Lebensmitteln nach dem Nährstoffgehalt

Tipps für die Benutzung des Aufgabenblocks

Nachdem Sie den Aufgabenblock *Wiegen/ Sortieren* ausgewählt haben, klicken Sie auf den *Ernährungskreis*. Danach können Sie Lebensmittel nach ihrem Eiweißgehalt, Fettgehalt oder Kohlenhydratgehalt sortieren. Klicken Sie zunächst auf *Sortieren nach dem Fettgehalt*.

Sortieren nach dem Fettgehalt

Nun erscheinen eine Übersicht mit verschiedenen Lebensmitteln sowie ein Tisch und ein Korb. Die fettreichen Lebensmittel werden mit dem Mauszeiger auf den Tisch gezogen und die fettarmen Lebensmittel werden mit dem Mauszeiger in den Korb gezogen. Das Speiseöl und die Banane wurden auf dem abgebildeten Bildschirmfenster schon entsprechend ihrem Fettgehalt angeordnet.

Die restlichen Lebensmittel müssen noch nach ihrem Fettgehalt sortiert werden. Wenn diese Aufgabe erledigt ist, klicken Sie auf den Fertig-Knopf [✓].

Nach dem zweiten Versuch werden die falsch sortierten Lebensmittel so gekennzeichnet:

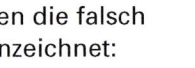

Kennzeichnung eines falsch sortierten Lebensmittels

Arbeitsauftrag:

1. Erstellen Sie in einem Word-Dokument eine Tabelle mit
   a) fettreichen,
   b) fettarmen Lebensmitteln.

2. Erproben Sie außerdem das Sortieren von Lebensmitteln nach ihrem
   a) Eiweißgehalt,
   b) Kohlenhydratgehalt.

3. Erstellen Sie in einem Word-Dokument eine Tabelle mit
   a) eiweißreichen,
   b) eiweißarmen Lebensmitteln.

4. Erstellen Sie in einem Word-Dokument eine Tabelle mit
   a) kohlenhydratreichen,
   b) kohlenhydratarmen Lebensmitteln.

Hinweis: Lösungen auf der CD

Nährwertberechnung durch den Computer – Berechnung eines Frühstücks

Zunächst muss hier eine Bedarfsgruppe eingegeben werden.
Ein Frühstück für Sandra Petersen soll berechnet werden.
Sandra Petersen ist Auszubildende in der Hauswirtschaft.
Sie ist 18 Jahre alt und hat einen PAL-Wert von 1,6.
Geben Sie die entsprechenden Angaben ein, vgl. S. 72.
Danach klicken Sie sich weiter durch das Programm, bis die Übersicht über
die verschiedenen Mahlzeiten erscheint.

Tipps für die weitere Benutzung des Aufgabenblocks

Energie- und Nährstoffzufuhr sollten sich wie folgt auf die einzelnen Mahlzeiten verteilen. Sie können die Prozentzahlen an Ihre Bedürfnisse anpassen.

1. Frühstück:	25 %
2. Frühstück:	10 %
Mittagessen:	30 %
Nachmittag:	10 %
Abendessen:	20 %
Spätmahlzeit:	5 %
Gesamt:	100 %

Hier können die einzelnen Mahlzeiten abgeändert
werden, d. h., die Spätmahlzeit kann z. B. auf null
gesetzt werden, da diese Mahlzeit nicht eingenommen
wird. Dafür muss dann aber z. B. das Abendessen
auf 25 % gesetzt werden. Nur bei einem Gesamtwert
von 100 % geht es weiter.
Wenn man nun auf den Weiter-Knopf [→] klickt,
kommt man zu dem folgenden Programmabschnitt.

Außerdem kann man jetzt den Speicherort auswählen.

Speichern unter

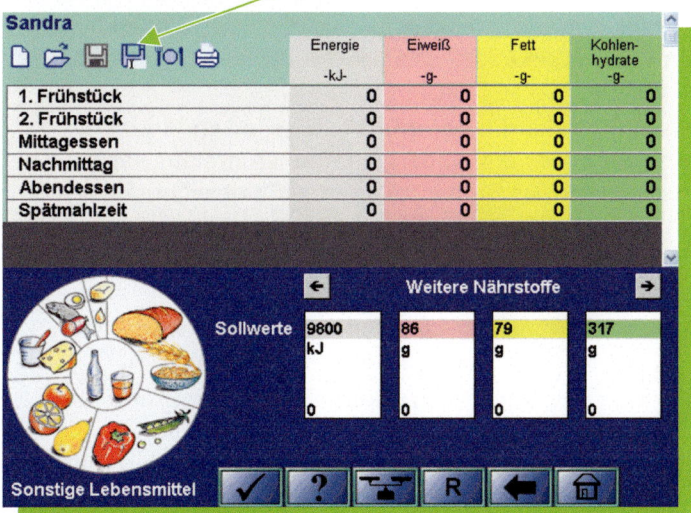

Der Tagesplan wird hier zunächst unter dem
Dateinamen *Sandra* gespeichert. Durch
diesen Dateinamen wird das Auffinden des
Tagesplans erleichtert. Für die Eingabe des
Dateinamens klickt man auf *Speichern
unter* [🖫], dann erscheint ein Feld, in das
man den Dateinamen – hier Sandra – ein-
gibt. Danach klickt man auf „Speichern".
Nun macht man einen Doppelklick auf das
1. Frühstück, da das 1. Frühstück für Sandra
Petersen berechnet werden soll.

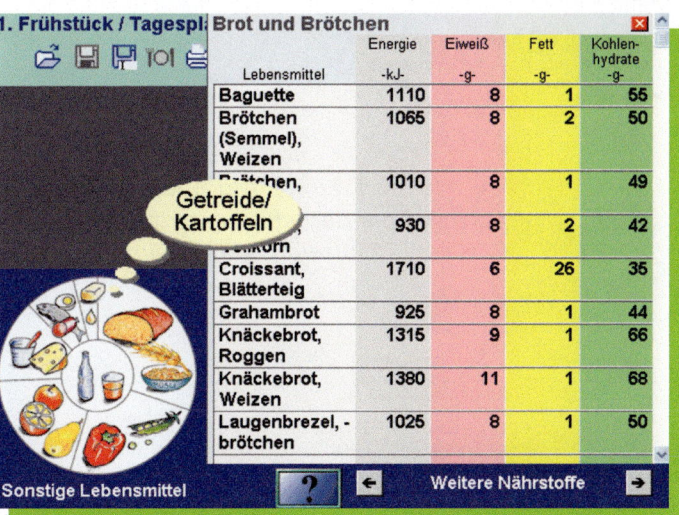

Für die **Auswahl der Lebensmittel** für das
1. Frühstück klickt man mit dem Mauszeiger
auf die *Lebensmittelgruppe* des Ernährungs-
kreises, in der sich das gewünschte Lebensmittel befindet. Hier wurde auf die Lebensmittelgruppe *Getreide/Kartoffeln* geklickt
und dann wird mit einem Klick die Unter-
gruppe *Brot/Brötchen* ausgewählt. Mit
einem Doppelklick auf ein Lebensmittel wird
das gewünschte Lebensmittel in den Tagesplan aufgenommen. Durch das Klicken auf
das Kreuz rechts oben wird die Übersicht
der gezeigten Lebensmittel geschlossen.
Zum **Eingeben der jeweiligen Lebensmittel-
menge** nun auf die *100* in der Spalte *Menge*
klicken und die Menge eingeben.

Entfernen von Lebensmitteln: Hierfür klickt man auf die entsprechende *Lebensmittelbezeichnung*. Es erscheint ein Feld *Entfernen*, das man anklickt, um das Lebensmittel aus der Mahlzeit zu nehmen.

Verschieben von Lebensmitteln: Durch Klicken auf die *Pfeiltasten* vor den Lebensmitteln mit gedrückter linker Maustaste können die Lebensmittel nach unten bzw. nach oben verschoben werden. Gleichzeitig erscheint ein roter Strich unterhalb der Pfeiltasten, der die Bewegung deutlich macht. In dem abgebildeten Beispiel wird der Edamer Käse unter die Butter verschoben.

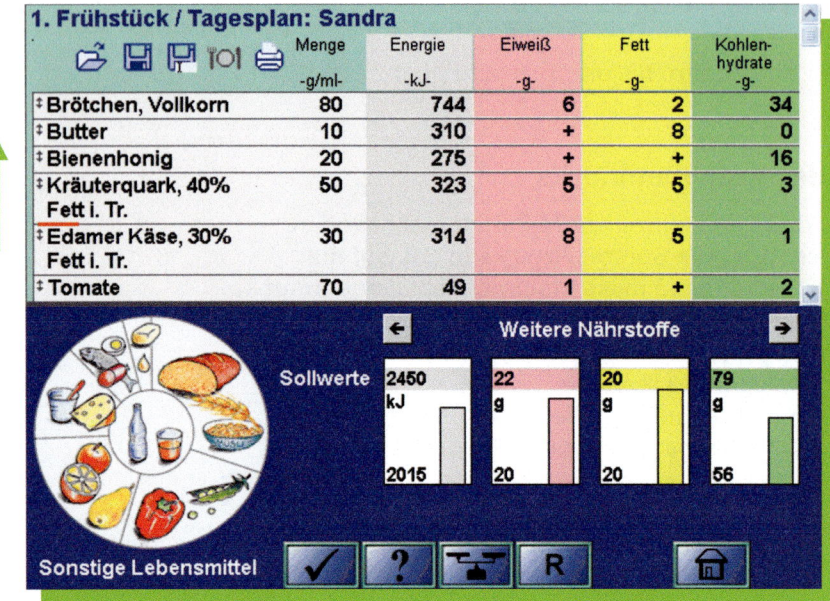

Wiegen und Messen: Ist einem das Gewicht bzw. das Volumen einer Lebensmittelportion oder eines Getränkes nicht mehr bekannt, so kann man jederzeit mithilfe des *Wiegeknopfes* zum Wiegen und Messen der Portionen gelangen.

 ← *Wiegeknopf*

Ist-/Soll-Vergleich: Im unteren Bildschirmteil befinden sich Säulendiagramme. An diesen kann man erkennen, inwieweit die Energiezufuhr und Nährstoffzufuhr durch die bisherige Lebensmittelauswahl und Getränkeauswahl gedeckt wurden. Bei dem Frühstück sind die Sollwerte noch nicht erreicht, aber es fehlt ja auch noch ein Getränk. Wie wäre es mit 250 ml Orangensaft?

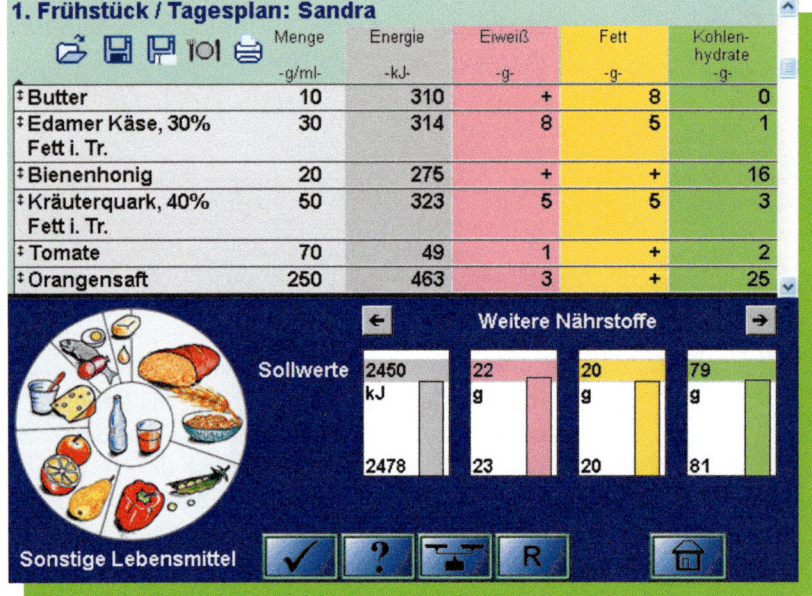

Jetzt stimmen die Istwerte und die Sollwerte fast überein.

Drucken: Die Mahlzeit kann nun ausgedruckt werden.
Klicken Sie hierfür auf den Button *Drucken* [🖨].

Mit dem Fertig-Knopf [✓] wird die Berechnung einzelner Mahlzeiten abgeschlossen.

Nährwertberechnung für ein Mittagessen

Berechnung eines Mittagessens für Markus

Ermitteln Sie die Bedarfsgruppe – Sollwerte für Markus. Markus ist 17 Jahre alt, er ist Schüler. Sein PAL-Wert beträgt 1,6.

1. Wie viel Energie, Eiweiß, Fett und Kohlenhydrate kann Markus mit dem Mittagessen zu sich nehmen?

a) __3 660__ kJ Energie, c) __30__ g Fett,

b) __32__ g Eiweiß, d) __118__ g Kohlenhydrate darf Markus zum Mittagessen aufnehmen.

2. Berechnen Sie folgendes Mittagessen für Markus:

Nudeln mit Ketchup
150 g Eierteigwaren, gekocht
10 g Butter
50 g Tomatenketchup

Spiegelei
1 Stück Hühnerei
10 g Butter
200 ml Apfelsaft

Menge g/ml	Lebensmittel	Energie in kJ	Eiweiß in g	Fett in g	Kohlenhydrate in g
	Nudeln mit Ketchup				
150	Eierteigwaren, gekocht	900	8	2	42
10	Butter	310	+	8	0
50	Tomatenketchup	223	1	+	12
	Spiegelei				
1 Stück	Hühnerei	370	7	6	1
10	Butter	310	+	8	0
200	Apfelsaft	410	+	+	24
	Istzufuhr Mittagessen	2 523	16	24	79
Markus	**Sollzufuhr Mittagessen**	3 660	32	30	118

Berechnung eines Mittagessens für Petra

Ermitteln Sie die Bedarfsgruppe – Sollwerte für Petra.

1. Petra ist 16 Jahre alt, sie ist Schülerin. Ihr PAL-Wert beträgt 1,6.
Wie viel Energie, Eiweiß, Fett und Kohlenhydrate darf sie täglich aufnehmen?

a) __9 800__ kJ Energie, c) __79__ g Fett,

b) __86__ g Eiweiß, d) __317__ g Kohlenhydrate darf sie täglich aufnehmen.

2. Ein Mittagessen soll für Petra berechnet werden.
Wie viel Energie, Eiweiß, Fett und Kohlenhydrate darf Petra mit dem Mittagessen zu sich nehmen?

a) __2 940__ kJ Energie, c) __24__ g Fett,

b) __26__ g Eiweiß, d) __95__ g Kohlenhydrate darf sie zum Mittagessen aufnehmen.

3. Petra ist Vegetarierin. Berechnen Sie folgendes Mittagessen für Petra:

Apfelpfannkuchen
4 g Butter (1TL)
55 g Dinkel
$^1/_8$ l Vollmilch
1 Eigelb (20 g)
1 Eiklar (30 g)
10 g Butter (1 EL)
80 g frischer Apfel ($^1/_2$)

Bunter Salat
75 g Salatgurke
70 g Tomate
120 g Paprikaschote, gelb
50 g Rettich
10 g Olivenöl (1 EL)
10 g Essig (1 EL)
40 g Feta (Schafskäse)
$^1/_4$ l Apfelsaft

Lebensmittel	Menge g/ml	Energie kJ	Eiweiß g	Fett g	Kohlenhydrate g
Apfelpfannkuchen					
Butter	4	124	+	3	0
Grünkern/Dinkel, Vollkorn	55	756	6	2	35
Vollmilch, 3,5 % Fett	125	388	5	5	6
Hühnereidotter, mittelgroß, Stück, 20 g	20	300	3	6	1
Hühnereiklar, mittelgroß, Stück, 30 g	30	70	4	+	+
Butter	10	310	+	8	0
Äpfel, frisch	80	168	+	+	10
Bunter Salat					
Salatgurke	75	41	1	+	2
Tomate	70	49	1	+	2
Paprikaschote, gelb	120	84	1	+	4
Rettich	50	28	1	+	1
Olivenöl	10	370	+	10	0
Essig	10	2	+	0	+
Feta (Schafskäse), 45 % Fett i. Tr.	40	418	7	8	+
Apfelsaft	250	513	+	+	30
Sollzufuhr		2 940	26	24	95

4. Ermitteln Sie die mit dem Mittagessen aufgenommene Energiemenge, Eiweißmenge, Fettmenge und Kohlenhydratmenge.
   Petra nimmt mit dem Mittagessen

   a) 3 621 kJ Energie, b) 29 g Eiweiß,

   c) 42 g Fett, d) 91 g Kohlenhydrate auf.

5. Drucken Sie die Nährstoffberechnung für das Mittagessen aus.

ARBEITSBLATT

DATUM:

Nährwertberechnung für ein Abendessen

Berechnung eines Abendessens für Sara

Ermittlung der Bedarfsgruppe – Sollwerte für Sara

Sara ist 16 Jahre alt, sie ist Auszubildende in der Hauswirtschaft.
Ihr PAL-Wert beträgt 1,6.

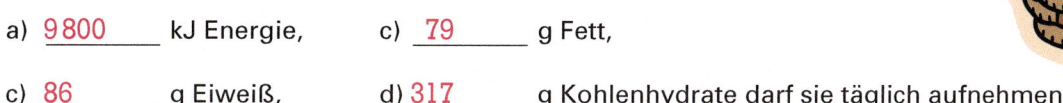

1. Wie viel Energie, Eiweiß, Fett und Kohlenhydrate darf sie täglich aufnehmen?

    a) __9800__ kJ Energie,   c) __79__ g Fett,

    c) __86__ g Eiweiß,   d) __317__ g Kohlenhydrate darf sie täglich aufnehmen.

2. Ein Abendessen für Sara soll berechnet werden.

Das Abendessen soll 30 % der täglichen Energiezufuhr und Nährstoffzufuhr liefern. Ändern Sie die Prozentzahl für das Abendessen im Programm entsprechend ab. Sara isst dafür keine Spätmahlzeit und das Mittagessen hat nur 25 % der täglichen Energie- und Nährstoffzufuhr.

3. Wie viel Energie, Eiweiß, Fett und Kohlenhydrate darf Sara zum Abendessen zu sich nehmen?

    a) __2940__ kJ Energie,   c) __24__ g Fett,

    b) __26__ g Eiweiß,   d) __95__ g Kohlenhydrate darf Sara zum Abendessen aufnehmen.

4. Berechnen Sie das folgende Abendbrot (30 % des Gesamtbedarfs, s. Aufgabe 2) für Sara.

Menge g/ml	Lebensmittel	Energie	Eiweiß	Fett	Kohlen-hydrate
100	Roggenvollkornbrot (2 Scheiben)	855	7	1	41
20	Butter	620	+	17	0
30	Bierschinken (1 Scheibe)	299	5	6	+
30	Edamer Käse, 45 % Fett i. Tr. (1 Scheibe)	443	7	8	1
140	Tomaten (zwei)	98	1	+	4
250	Kräutertee	0	0	0	0
	Istzufuhr Abendessen	2315	20	32	46
Sara	**Sollzufuhr Abendessen**	2940	26	24	95

5. Vergleichen Sie die Istzufuhr und die Sollzufuhr für das Abendbrot.

Sara nimmt __zu wenig__ Energie, __zu viel__ Fett,

__zu wenig__ Eiweiß, __zu wenig__ Kohlenhydrate auf.

6. Verbessern Sie die Energiezufuhr und Nährstoffzufuhr für Sara, indem Sie die Lebensmittelauswahl für das Abendbrot ändern.

7. Drucken Sie die Nährwertberechnung für das Abendbrot aus.

Ermittlung der eigenen Werte für die Sollzufuhr und Berechnung einer Mahlzeit

1. Ermitteln Sie Ihre eigene Bedarfsgruppe – Sollwerte.

2. Berechnen Sie ein Mittagessen für Ihre eigene Person.

3. Drucken Sie die Nährwertberechnung für Ihr Mittagessen aus.

Berechnung eines vegetarischen Tageskostplans

Arbeitsauftrag:

1. Wählen Sie die Bedarfsgruppe Jugendliche, männlich, 18 Jahre, PAL-Wert 1,6 aus.

2. Ermitteln Sie die täglichen Sollwerte für Energie, Eiweiß, Fett und Kohlenhydraten.

3. Berechnen Sie den Tageskostplan.

4. Ermitteln Sie die Istzufuhr an Energie, Eiweiß, Fett und Kohlenhydraten.

5. Drucken Sie den Kostplan aus.

Tageskostplan

Erstes Frühstück

Müsli

150 g Joghurt, teilentrahmt
 80 g Äpfel, frisch
100 g Apfelsine
 20 g Sultaninen
 10 g Sonnenblumenkerne
 15 g Bienenhonig
 30 g Haferflocken, kernige

200 ml Orangensaft

Zweites Frühstück

 10 g Knäckebrot, Roggen
  5 g Butter
150 g Birnen
250 ml Buttermilch

Mittagessen
Gemüsereispfanne

100 g Möhren, Karotten
100 g Porree, Lauch
100 g Zucchini
 50 g Reis, Vollkorn
 10 g Sonnenblumenöl
  5 g Brühe, gekörnt
200 ml Trinkwasser

Salat

50 g Radieschen
70 g Tomate
50 g Salatgurke
30 g Schlagsahne

200 ml Apfelsaft

Nachmittag

100 g Apfelkuchen, Rührteig

200 ml Früchtetee

Abendessen
Gefüllter Pfannkuchen

50 g Roggenmehl, Type 1150
1 Stück Hühnerei
60 ml Vollmilch
200 g Spinat
30 g Speisequark, 20 % Fett i. Tr.

200 ml Passionsfruchtsaft

Spätmahlzeit

125 g Erdbeeren
150 g Joghurt, Vollmilch

Tipp zur Berechnung eines Tageskostplans

Wie wechselt man zwischen den Mahlzeiten beim Berechnen eines Tageskostplans?

Zunächst werden die Lebensmittel und die Mengen für das 1. Frühstück eingegeben. Danach klickt man auf den Fertig-Knopf [✓], die Übersicht der verschiedenen Mahlzeiten erscheint wieder. Nun kann man mit einem Doppelklick zum 2. Frühstück wechseln.

Entsprechend wechselt man später zum Mittagessen usw.

Wenn alle Mahlzeiten eingegeben sind, muss man wiederum auf den Fertig-Knopf [✓] klicken und die folgende Übersicht erscheint.

Hinweis: Lösungen auf der CD.

vegetarisch	Energie -kJ-	Eiweiß -g-	Fett -g-	Kohlenhydrate -g-
1. Frühstück	2208	16	10	92
2. Frühstück	1085	13	7	37
Mittagessen	2289	14	20	76
Nachmittag	890	3	9	28
Abendessen	1987	25	11	67
Spätmahlzeit	663	9	6	17

Weitere Nährstoffe

Sollwerte			
12200 kJ	108 g	99 g	395 g
9122	80	63	317

Sonstige Lebensmittel

Zusammenfassung der Arbeit mit dem Nährwertprogramm

Arbeitsauftrag:

Für Jana Winter sollen Sie ein Mittagessen hinsichtlich seiner Eignung berechnen und überprüfen.

1. Ermitteln Sie dafür zunächst die Sollwerte für Jana Winter.
   Sie ist 25 Jahre alt und hat einen PAL-Wert von 1,4, außerdem ist sie im 5. Monat schwanger.

   a) 8 900 kJ Energie,   b) 72 g Fett,

   c) 79 g Eiweiß,   d) 288 g Kohlenhydrate darf sie täglich aufnehmen.

2. Ermitteln Sie die Sollwerte für Jana Winter für das Mittagessen,
   wenn dies 25 % des täglichen Gesamtbedarfs
   an Energie, Eiweiß, Fett und Kohlenhydraten liefert.

   a) 2 225 kJ Energie,   c) 18 g Fett,

   c) 20 g Eiweiß,   d) 72 g Kohlenhydrate darf sie zum Mittagessen aufnehmen.

3. Für den Obstsalat soll Obst eingekauft werden.

   Ermitteln Sie dafür das Gewicht von

   a) einem Apfel: 160 g   b) einer Banane: 150 g

   c) einer Apfelsine: 200 g   d) einer Portion Weintrauben: 150 g .

4. Jana Winter ist besorgt, dass ihr Bruder Übergewicht hat.
   Janas Bruder ist 180 cm groß und wiegt 76 kg.
   Ist die Vermutung von Jana Winter zutreffend?

   Nein, der Bruder hat Normalgewicht, BMI = 23,5 .

5. Berechnen Sie das folgende Mittagessen (25 % des täglichen Gesamtbedarfs, s. Aufgabe 2) von Jana Winter:

Menge g/ml	Lebensmittel	Energie kJ	Eiweiß g	Fett g	Kohlenhydrate g
150	Schweineschnitzel	653	32	3	+
10	Maiskeimöl	370	0	10	0
150	Pommes frites	1 650	6	20	47
250	Brokkoli	263	8	+	8
75	Eiscreme	671	3	9	16
30	Schlagsahne	381	1	9	1
	Istzufuhr	**3 988**	**50**	**51**	**72**

6. Vergleichen Sie die Istwerte und die Sollwerte für das Mittagessen.

   Jana Winter nimmt zu viel Energie, zu viel Fett,

   zu viel Eiweiß, genug Kohlenhydrate auf.

7. Drucken Sie das Mittagessen aus.

Rallye durch das Nährwertprogramm

1. Welches Gewicht bzw. welches Volumen haben folgende Lebensmittel?

1 Brötchen	40 g	1 Portion Gemüse	200 g
1 Apfel	160 g	1 EL Butter	10 g
1 Tomate	70 g	1 Zuckerstück	5 g
1 Käsescheibe	30 g	In 1 Saftglas passen	200 ml
1 Fischstäbchen	30 g	1 EL Speiseöl	10 ml

2. In welcher Lebensmittelgruppe befinden sich bei der Nährwertberechnung folgende Lebensmittel?

Dinkel	Getreide und Mehle
Bienenhonig	Süßwaren, Zucker
Mayonnaise	Speisefette und Öle
Erdbeeren	Obst und Obstprodukte
Schnittlauch	Kräuter und Gewürze
Fischstäbchen	Fischdauerwaren
Kräutertee	Alkoholfreie Getränke

3. Haben die folgenden Personen Normalgewicht?

Marie ist 160 cm groß und wiegt 50 kg. Marie hat Normalgewicht, BMI = 19,5.

Jochen ist 180 cm groß und wiegt 58 kg. Jochen hat Untergewicht, BMI = 17,9.

Philipp ist 155 cm groß und wiegt 62 kg. Philipp hat Übergewicht, BMI = 25,8.

Silke ist 170 cm groß und wiegt 72 kg. Silke hat Normalgewicht, BMI = 24,9.

4. Ergänzen Sie den folgenden Text.

Unseren täglichen Nährstoffbedarf sollten wir durch 15 % Eiweiß, 30 % Fett und 55 % Kohlenhydrate decken.

5. Wie viel Energie, Eiweiß, Fett und Kohlenhydrate sollten die folgenden Personen zu sich nehmen?

Markus ist 18 Jahre, er macht eine Ausbildung als Hauswirtschafter.
Sein PAL-Wert beträgt 1,6.

12 200 kJ Energie	108 g Eiweiß
99 g Fett	395 g Kohlenhydrate

Regina ist 16 Jahre, sie ist in der 10. Klasse der Goetheschule. Ihr PAL-Wert beträgt 1,4.

8 500 kJ Energie	75 g Eiweiß
69 g Fett	275 g Kohlenhydrate

6. Rechnen Sie um in Milliliter.

1 Liter entspricht	1 000	ml
½ Liter entspricht	500	ml
¼ Liter entspricht	250	ml
¾ Liter entspricht	750	ml
⅛ Liter entspricht	125	ml

Jetzt bin ich fit für die nächste Klausur!

Bei der Rallye habe ich _____ Punkte gesammelt.

Menüband und Registerkarten

Menüband   *Registerkarten*

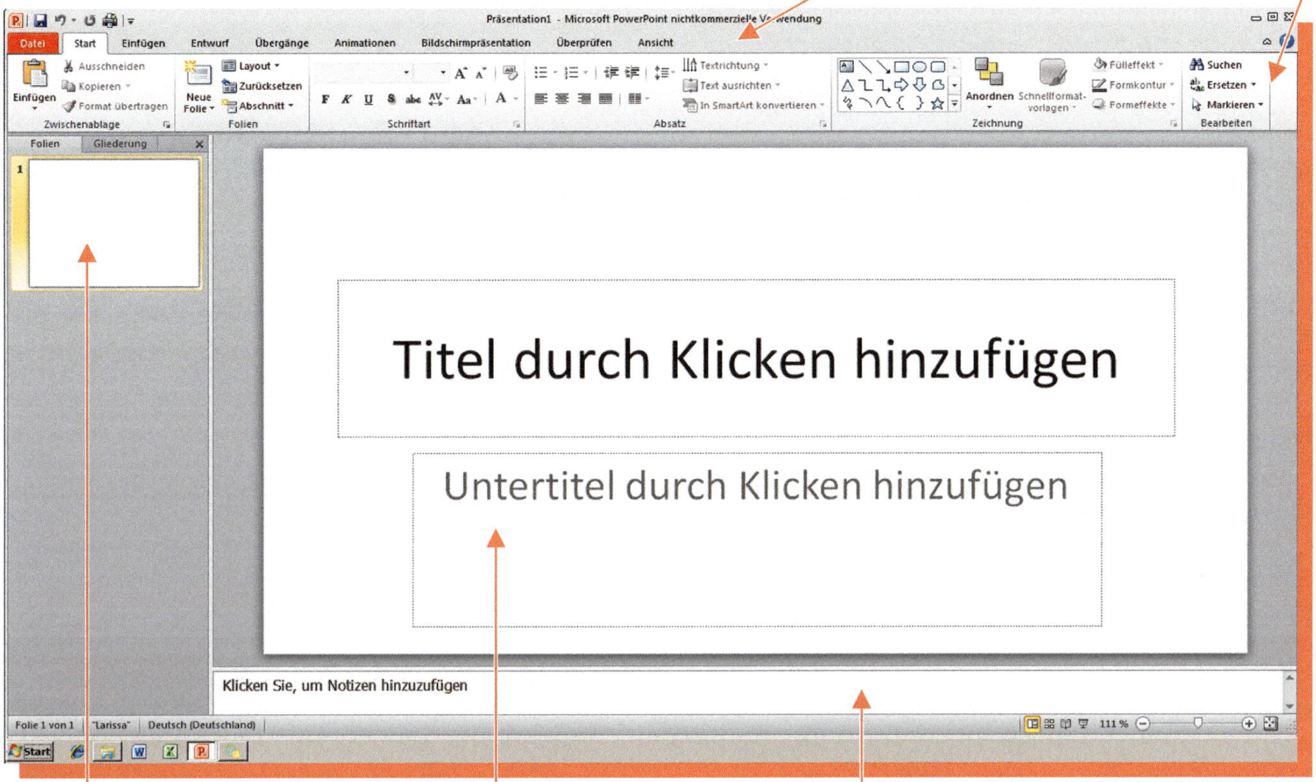

2 *Arbeitsbereich*   1 *Arbeitsbereich*   3 *Bereich für Notizen*
Folien/Gliederung   *Folienerstellung*

Im Programm PowerPoint finden Sie ein ähnliches Menüband, wie Sie es bereits von Word kennen.
In diesem Menüband gibt es jedoch spezifische Registerkarten für die Erstellung von Präsentationen.

Das Programmbild für die Erstellung von Präsentationen in PowerPoint untergliedert sich in drei Teilbereiche:

1 Arbeitsbereich für die Folienerstellung

2 Bereich für die Folien/Gliederung

3 Bereich für Notizen. Hierbei handelt es sich um persönliche Anmerkungen zu den einzelnen Folien,
die bei der Präsentation von den Zuschauern nicht gesehen werden.

Was ist bei der Erstellung einer Folienpräsentation zu beachten?

● Folien sollen den Vortrag zu einer Thematik ergänzen, nicht aber ersetzen, d. h.:
pro Folie nur einen knappen Hauptgedanken zu der jeweiligen Thematik angeben.

● **Damit die Folien schnell gelesen werden können, wählen Sie:**
  – Schriftgrößen ab 20 bis 24 pt, fett,   – einheitliches Layout,
  – Zeilenabstand 1,5 Zeilen,   – wenige, kontrastreiche Farben.

Arbeitsauftrag:

1. Schreiben Sie die Thematik der Präsentation auf die erste Folie: **Mein Arbeitsplatz**.

2. Speichern Sie die Folie unter *arbeitsplatz*

3. Klicken Sie auf *Entwurf* im Menüband und wählen Sie ein Hintergrundformat für Ihre Folie aus.
Gestaltungstipp: Unter *Hintergrundformate* finden Sie weitere Hintergrundgestaltungen.
Im Pulldown-Menü *Hintergrund formatieren…* können Sie auch Ihren eigenen Hintergrund gestalten.

4. Fügen Sie außerdem eine Grafik ein.

Tipps zur Folienbearbeitung

Bearbeitung der ersten Folie in einer Präsentation

Klicken Sie zunächst in den oberen Platzhalter und schreiben Sie den Titel Ihrer Präsentation, z. B. Mein Arbeitsplatz.

Um den Untertitel einzugeben, klicken Sie dann in den unteren Platzhalter und geben hier den gewünschten Text ein.

Die **Größe und Ausrichtung der Platzhalter** können Sie verändern.
Die Größe wird wie bei Bildern an den Ziehpunkten verändert.
Die Richtung können Sie am grünen Drehpunkt mit gedrückter linker Maustaste verändern.
Wenn Sie außerhalb der vorhandenen Platzhalter einen Text eingeben wollen, arbeiten Sie mit einem Textfeld – auch dies ist Ihnen bereits von Word bekannt.

Dreh-punkt

Zieh-punkte

Auch in PowerPoint steht Ihnen die **Rechtschreibprüfung** zur Verfügung.
Klicken Sie hierzu im Menüband auf *Überprüfen*. In der Registerkarte *Dokumentprüfung* finden Sie dann ganz links die Rechtschreibprüfung.

Notizen hinzufügen

Unter der Folie befindet sich ein Feld, in das Sie Notizen schreiben können, die bei der Präsentation nicht zu sehen sind. Hier kann z. B. eine Quellenangabe stehen.

Einfügen einer neuen Folie

Klicken Sie in der Registerkarte *Folien* auf den Pfeil neben *Neue Folie*.
Eine Übersicht, vgl. S. 79, erscheint. Klicken Sie auf die gewünschte Folie.
Sie erscheint nun groß in der Mitte und kleiner links in dem Gliederungsfeld.
Geben Sie in die neue Folie den gewünschten Text ein.
Änderungen der Schriftart, Schriftgröße und Schriftfarbe erfolgen wie bereits von Word bekannt.
Mit dem Pfeil rechts unten in der Registerkarte *Schriftart* kommen Sie zum Dialogfenster *Schriftart*, in dem Sie z. B. Buchstaben hoch oder tief stellen können.

Design/Hintergrund einer Folie zuweisen

Klicken Sie im Menüband auf *Entwurf*. Es erscheint folgende Übersicht:

Sie können nun ein abgebildetes Design auswählen und dies auch verändern.

Hintergrundformate

Sie können aber auch in der Registerkarte *Hintergrund* auf den Pfeil neben *Hintergrundformate* klicken.
In dem Pulldown-Menü klicken Sie nun auf *Hintergrund formatieren…*.
Es erscheint ein neues Dialogfenster.
Hier klicken Sie auf den Pfeil neben *Voreingestellte Farben* und erhalten so eine Übersicht möglicher Farben.
Sie haben auch die Wahl zwischen folgenden Füllungen:

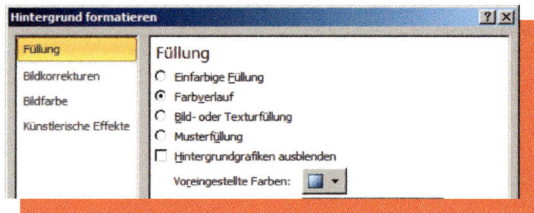

- einfarbige Füllung (Hintergrund),
- Farbverlauf,
- Bild- oder Texturfüllung und
- Musterfüllung.

Außerdem können Sie, wenn Ihnen Ihre Auswahl nicht gefällt, links unten auf *Hintergrund zurücksetzen* klicken.
Danach ist der Hintergrund wieder weiß.
Erproben Sie die verschiedenen Möglichkeiten!

Beispiele: Arbeiten mit vorgefertigten Folien

Arbeitsauftrag:

Erstellen Sie Folien mit unterschiedlichen Folienarten. Wählen Sie dafür jeweils eine geeignete neue Folie aus. Entwickeln Sie eigene Ideen bei der Foliengestaltung.

Lernfelder Hauswirtschaft

1. Berufsausbildung

mitgestalten

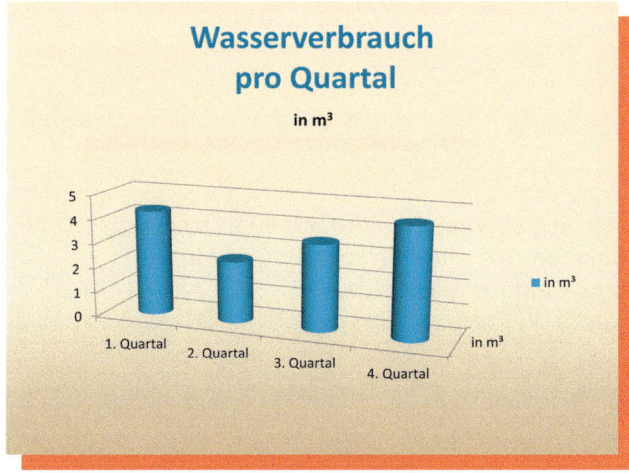

Produkte für eine nachhaltige Ernährung auswählen

• Produkte der Saison

• Produkte der Region

Produktvergleich

• 1,75 g Tee
• 250 g Tee

Wasserverbrauch pro Quartal

in m³

Rote Zwiebeln aus der Region

Erstellung einer Präsentation

Arbeitsauftrag:

1. Erstellen Sie eine Präsentation zum Thema „Methode des selbstständigen beruflichen Handelns".

2. Erstellen Sie nun eine Präsentation zu einem konkreten Arbeitsauftrag, z. B. Gestaltung eines Kindergeburtstags.

Animationen zuweisen

Um einem Objekt einer Folie eine Animation zuzuweisen, markieren Sie zunächst den entsprechenden Text. Danach wechseln Sie im Menüband in die Gruppe *Animationen*.
Anschließend klicken Sie auf den unteren Pfeil ⬇ rechts von den grünen Sternen.
Es erscheint im Pulldown-Menü die folgende Übersicht mit unterschiedlichen Effekten:

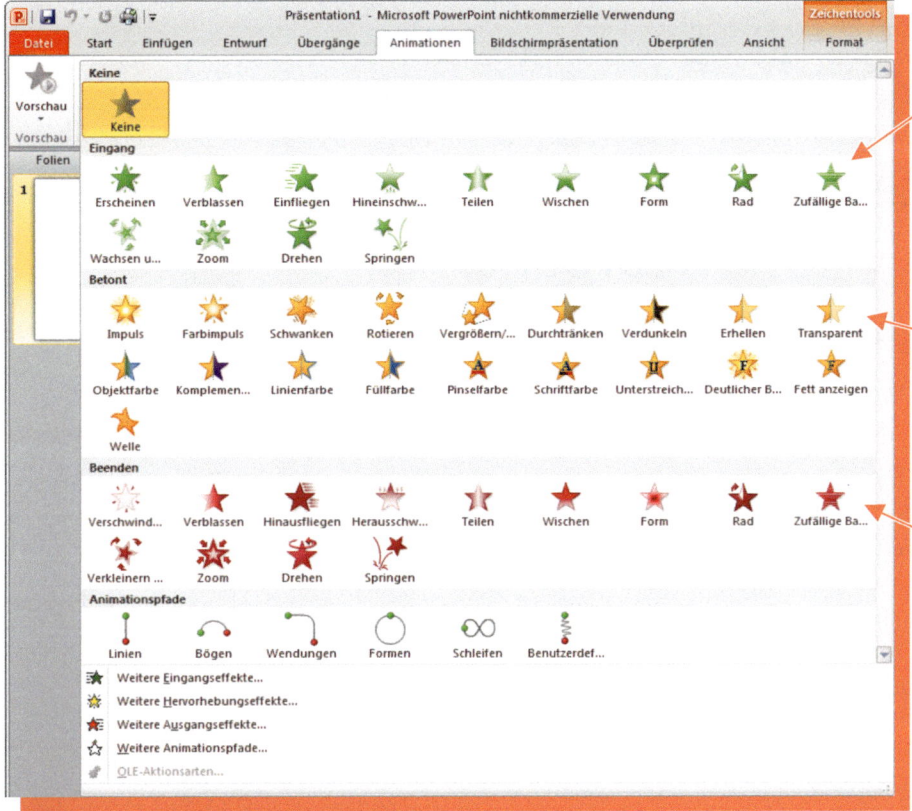

Animationen mit einem grünen Stern sind **Eingangsanimationen**.
Die Folie ist z. B. zunächst leer, und dann schwebt der Text hinein.

Animationen mit einem gelben Stern betonen den Text, der sich bereits auf der Folie befindet.
Der Text kann z. B. schwanken.

Animationen mit einem roten Stern sind **Ausgangsanimationen**.
Der Text kann z. B. verblassen.

Klicken Sie nun z. B. in der Übersicht auf *Einfliegen*.

Danach klicken Sie in der Registerkarte *Erweiterte Animation* auf *Animationsbereich*.

Nun erscheint rechts eine zusätzliche Übersicht *Animationsbereich*.

Hier wird nun der ausgewählte Effekt *Einfliegen* durch das entsprechende Symbol mit dem dazugehörenden Textbeginn angezeigt.

Klicken Sie nun auf den Pfeil rechts in diesem Kasten. Es erscheint ein neues Pulldown-Menü.
Klicken Sie hier auf *Effektoptionen....*
In dem neuen Dialogfenster können sie z. B. einen *Sound*, z. B. Applaus, hinzufügen und auch die Anzeigedauer, z. B. 2 Sekunden, festlegen.

Klicken Sie nun rechts oben in *Animationsbereich* auf *Wiedergabe*.

Falls Ihnen diese Präsentation nicht gefällt, können Sie selbstverständlich noch Änderungen vornehmen.

Arbeitsauftrag:

1. Schreiben Sie auf eine Folie den Namen Ihres Ausbildungsbetriebs.

2. Weisen Sie dem Namen Ihres Betriebs Eingangsanimationseffekte zu.

3. Schreiben Sie in eine zweite Zeile Ihren eigenen Namen, erweitern Sie diesen durch einen anderen Animationseffekt.

4. Klicken Sie auf Bildschirmwiedergabe, vgl. S. 85, und nehmen Sie evtl. Veränderungen vor.

Haus Sonnenschein

Heike Fix

Masterfolie erstellen

Eine Masterfolie wird erstellt, damit alle Folien einer Präsentation z. B. das gleiche Schriftformat und das gleiche Farbschema haben.

Um eine Masterfolie zu erstellen, klicken Sie zunächst im Menüband auf *Ansicht* und dann in der Registerkarte *Masteransichten* auf *Folienmaster*.

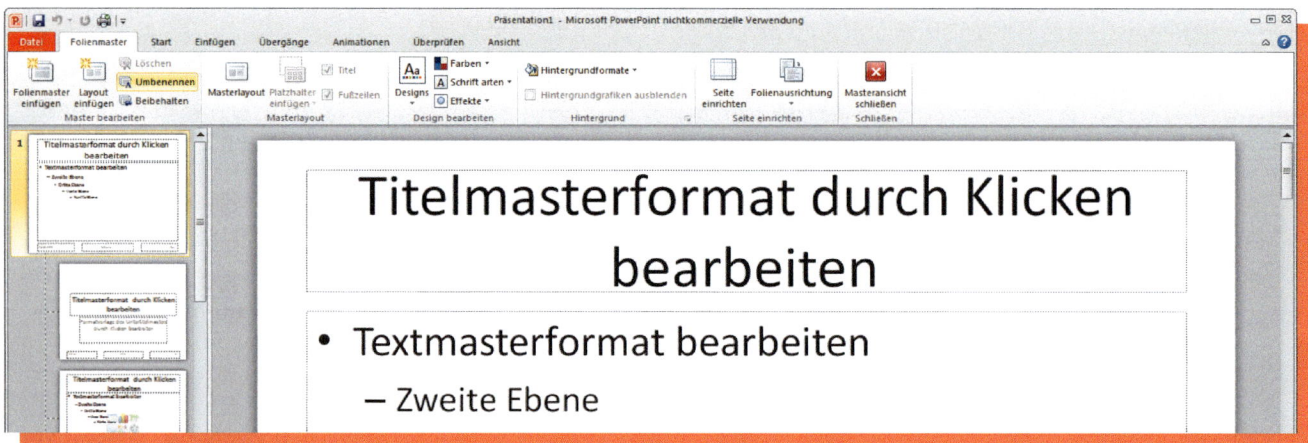

Klicken Sie nun in der Gruppe *Master bearbeiten* auf *Umbenennen* und geben Sie in dem Dialogfenster einen Namen für Ihre Masterfolie ein.

Ihnen stehen jetzt sämtliche Möglichkeiten zur Bearbeitung der Masterfolie in den Registerkarten zur Verfügung: *Masterlayout*, *Design bearbeiten* und *Hintergrund*.

Nachdem Sie das Design und den Hintergrund der Masterfolie bearbeitet haben, klicken Sie ganz rechts auf *Masteransicht schließen* und wechseln so zur Normalansicht.

Alle neuen Folien haben nun das von Ihnen erstellte Layout.

Arbeitsauftrag:

1. Erstellen Sie eine Masterfolie für eine Präsentation über hauswirtschaftliche Ausbildungsbetriebe.

2. Weisen Sie der Masterfolie den Namen Ihres Ausbildungsbetriebs zu.

3. Erstellen Sie mithilfe der Masterfolie eine Präsentation, in der Sie hauswirtschaftliche Ausbildungsbetriebe vorstellen.

4. Klicken Sie auf Wiedergabe, betrachten Sie Ihre Präsentation und nehmen Sie evtl. Veränderungen vor.

Weitere hauswirtschaftliche Ausbildungsbetriebe

Jugendherberge

Tagungshaus

Kindergarten/Hort

Klinken/Verpflegung

Heime für Kinder und Jugendliche

Landwirtschaftlicher Betrieb

Bearbeitung von Fotos

Arbeitsauftrag:

1. Wählen Sie für eine neue Folie *Titel und Inhalt*, vgl. S. 79, aus.

2. Fügen Sie eine Grafik/Foto von einer Frucht, z.B. Nektarine, in den Inhaltsteil der Folie ein.

3. Stellen Sie die Frucht, hier die Nektarine, frei.

4. Gestalten Sie die Überschrift.

5. Wählen Sie einen Hintergrund und eine Darstellungsform aus.

6. Erproben Sie bei einem anderen Foto das Zuschneiden eines Fotos.

Tipps für die Gestaltung von Fotos

Fotos einfügen: Klicken Sie im Menüband auf *Einfügen* und in der Registerkarte *Bilder* auf *Grafik*.
Wählen Sie danach das geeignete Foto aus.

Fotos automatisch freistellen: Markieren Sie zunächst das Foto.
Klicken Sie dann auf *Bildtools/Format* im Menüband.
Klicken Sie anschließend ganz links in der
Registerkarte *Anpassen* auf *Freistellen*.
Der ursprüngliche Hintergrund wird lila gefärbt.
Das Objekt, hier die Nektarine, wird automatisch freigestellt:
Zuletzt klicken Sie auf *Änderungen beibehalten*.

Fotos zuschneiden: Markieren Sie zunächst das Foto.
Klicken Sie dann auf *Bildtools/Format* im Menüband. Klicken Sie anschließend
in der Registerkarte *Größe* auf den Pfeil unter *Zuschneiden*
und im Pulldown-Menü auf *Auf Form zuschneiden*.
Wählen Sie dann eine Form, z.B. Herzform, aus.

Fotos per Hand freistellen: Es kann passieren, dass das automatische Freistellen
nicht zum gewünschten Ergebnis führt.
Dann klicken Sie in der neuen Registerkarte auf *Zu behaltende Bereiche markieren*.
An dem Mauszeiger befindet sich nun ein Stift, mit dem Sie z.B. um den Rand
der Nektarine eine Linie zeichnen können. Dabei muss man öfter absetzen,
damit die Rundungen erfasst werden.
Zuletzt klicken Sie wieder auf *Änderungen beibehalten*.

Hintergrund formatieren: Hierzu klicken Sie im Menüband auf *Entwurf*,
in der Registerkarte *Hintergrund* auf *Hintergrundformate* und
im Pulldown-Menü auf *Hintergrund formatieren...*.
Achten Sie darauf, dass in der linken Liste *Füllung* markiert ist.
Wählen Sie dann einen geeigneten Hintergrund aus.

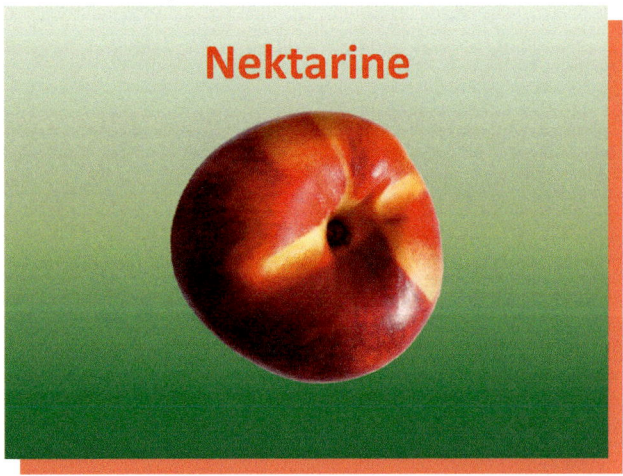

Nektarine

Eine japanische Himbeere

Erstellen von speziellen Folien

Arbeitsauftrag:

1. Erstellen Sie eine Folie mit der Ernährungspyramide.

2. Erstellen Sie eine Folie mit dem Kreislauf Textilpflege.

3. Erstellen Sie eine Folie zum Thema Kreislauf Textilpflege,
   bei dem die einzelnen Abschnittsüberschriften bei der Präsentation jeweils „einfliegen".

4. Gestalten Sie die Übergänge zwischen den drei Folien.

5. Betrachten Sie anschließend die drei Folien mithilfe der Funktion
   Bildschirmpräsentation am unteren Bildschirmrand.

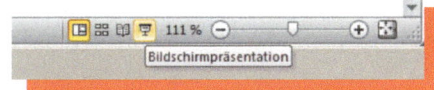

Tipps zur Gestaltung

Ernährungspyramide: Wählen Sie die Folie *Titel und Inhalt*, vgl. S. 79.

Klicken Sie dann im Menüband auf *Einfügen* und wählen Sie
in der Registerkarte *Illustrationen* unter *SmartArt* die Pyramide aus.
Diese Pyramide hat aber nur drei Stufen.
Klicken Sie auf die unterste Stufe der Pyramide und dann auf *SmartArt-Tools/Entwurf* und
dann dreimal auf *Form hinzufügen*.

Nun muss die Pyramide noch farblich gestaltet und beschriftet werden.

Auch der Hintergrund und evtl. Animationen für die Bildschirmpräsentation sind noch zu gestalten.

Kreislauf Textilpflege: Wählen Sie wieder die Folie *Titel und Inhalt*.

Schreiben Sie die Überschrift „Kreislauf Textilpflege" und
wählen Sie dann die entsprechende Grafik unter *Einfügen/SmartArt* aus.

Beschriften Sie die einzelnen Kreise und färben Sie den letzten Pfeil der Grafik farblos ein.

Nun müssen noch der Hintergrund und die Animationen für die Bildschirmpräsentation gestaltet werden.

Abschnittsüberschriften fliegen bei der Präsentation ein:

Gestalten Sie zunächst die Überschrift und die Abschnittsüberschriften.

Markieren Sie die erste Abschnittsüberschrift.

Wählen Sie dann im Menüband *Animationen* aus.

Klicken Sie anschließend auf die Animation *Einfliegen*.

Wiederholen Sie diesen Vorgang mit den anderen Abschnittsüberschriften.

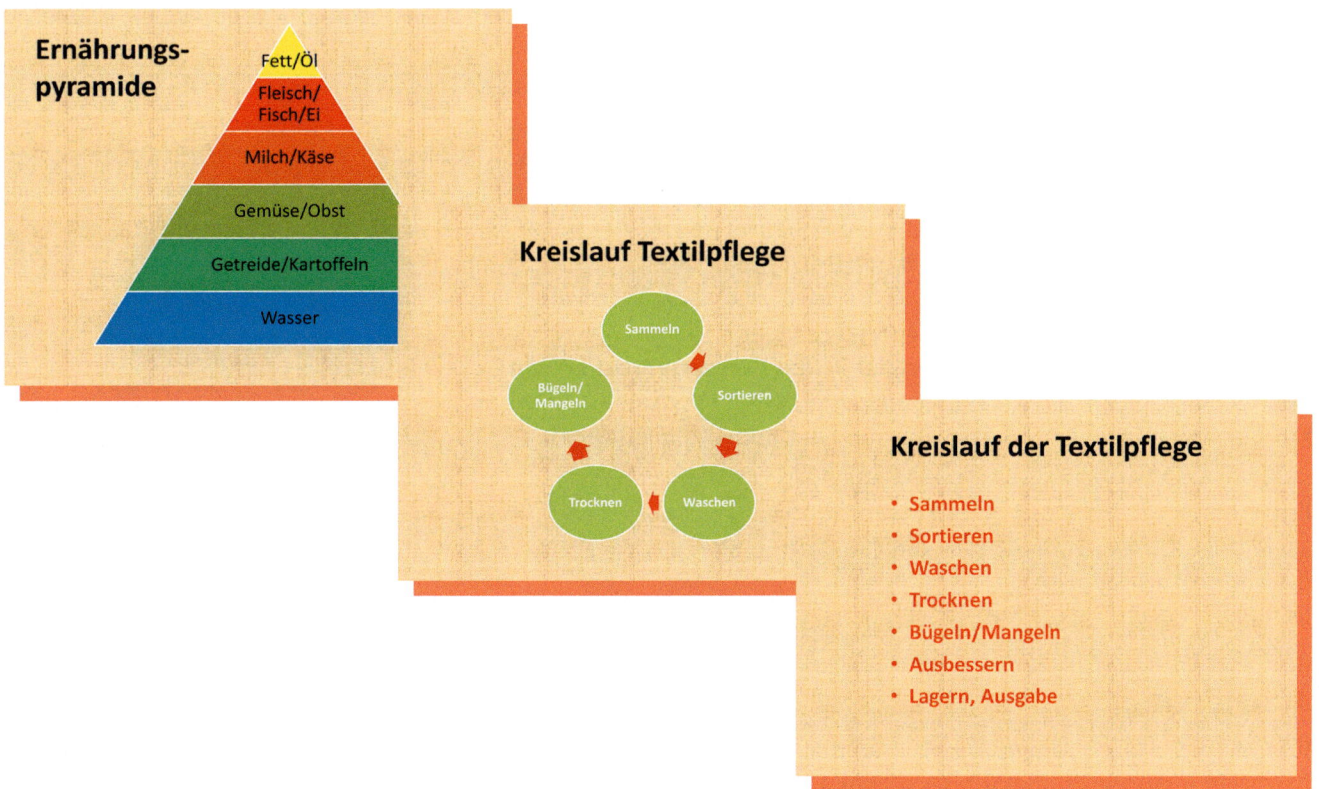

Übergänge zwischen den Folien gestalten

Tipps zur Gestaltung

Um die Übergänge, die Wechsel, zwischen den Folien zu gestalten,
klicken Sie im Menüband auf *Übergänge*.

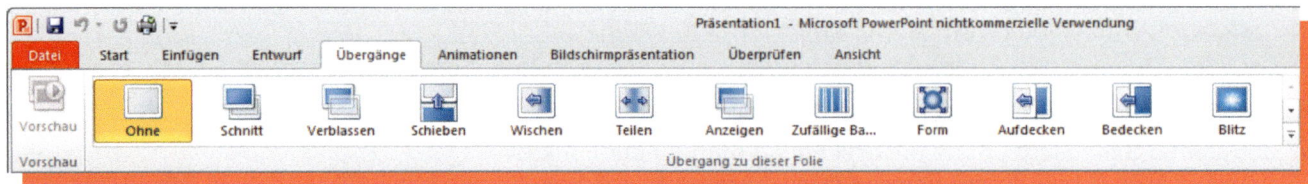

In der Registerkarte *Übergang zu dieser Folie* auf den rechten unteren Pfeil klicken,
es erscheint die folgende Übersicht:

Wählen Sie für die erste Folie eine Übergangsart aus.
Neben der Folie im linken Gliederungsbereich erscheint nun dies Zeichen 🔯 links neben der Folie.
Das Zeichen besagt, dass Sie hier einen Übergang zur nächsten Folie ausgewählt haben.

Sie können außerdem in der Registerkarte *Anzeigedauer* festlegen,
ob die nächste Folie durch einen Mausklick oder nach einer bestimmten Zeit erscheinen soll.
Durch einen Mausklick ist generell vorteilhafter.

Für den Übergang zur nächsten Folie können Sie auch noch einen Sound auswählen.
Generell sind die Übergänge zur nächsten Folie ohne Sound geplant,
da ein Sound während der Präsentation auch störend sein kann.

Wenn Sie den gleichen Übergang für alle Folien nutzen möchten,
klicken Sie nach der Wahl auf das Symbol *Für alle übernehmen*.

Folien können in der Reihenfolge verschoben werden.

Änderungen innerhalb einer Präsentation:

Änderung der Reihenfolge der Folien innerhalb einer Präsentation

Wenn Sie die Reihenfolge der Folien innerhalb Ihrer Präsentation ändern
wollen, schieben Sie die entsprechende Folie mit gedrückter linker Maustaste
in der Gliederungsübersicht an den gewünschten Platz.

Einfügen einer neuen Folie in eine Präsentation
Klicken Sie mit dem Mauszeiger in der linken Gliederungsübersicht
auf die Folie, hinter der Sie eine neue Folie einfügen wollen.
Mit der Enter-Taste [↵] können Sie nun eine neue Folie einfügen.

Entfernen einer Folie aus einer Präsentation
Markieren Sie hierfür in dem linken Gliederungsbereich die Folie,
die entfernt werden soll.
Danach drücken Sie die Entf-Taste [Entf].

Arbeitsauftrag:

Gestalten Sie die Übergänge zwischen den Folien der Präsentation:
Methode des selbstständigen beruflichen Handelns, vgl. S. 80.

Arbeiten mit dem Composer von SeaMonkey – Erstellen einer Internetseite

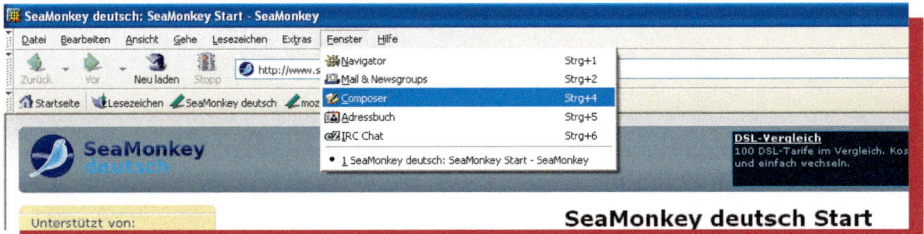

Für das Erstellen von Internetseiten muss man in SeaMonkey zunächst in das Composer-Fenster wechseln. Hierfür klicken Sie nach dem Öffnen von SeaMonkey in der Menüleiste auf *Fenster* und dann auf *Composer*.

Hier finden Sie ein ähnliches Menü, wie Sie es bereits von Word kennen.

Arbeitsauftrag:

1. Öffnen Sie zunächst das Programm SeaMonkey.

2. Wechseln Sie – wie oben abgebildet – in das Composer-Fenster von SeaMonkey.

3. Erkunden Sie nun mit dem Mauszeiger, was sich in der Menüleiste hinter den verschiedenen hier abgebildeten Symbolen verbirgt, und tragen Sie die am Mauszeiger erscheinenden Texte ein.

Farbe für Text/Hintergrund auswählen

Kleinere Schriftgröße

Größere Schriftgröße

Fett

Unterstrichen

Punkte zuweisen oder entfernen

Nummern zuweisen oder entfernen

Links ausrichten

Zentriert ausrichten

Im Blocksatz ausrichten

Rechts ausrichten

4. Erkunden Sie außerdem das Pulldown-Menü im Menüabschnitt *Format*: Was verbirgt sich hinter den einzelnen Auswahlmöglichkeiten?
   Schriftart: Hier können die verschiedenen vorhandenen <u>Schriften</u> ausgewählt werden.
   Schriftgröße: Hier können die Schriftgrößen <u>x-small</u>, <u>small</u>, <u>medium</u>, <u>large</u>, <u>x-large</u> und <u>xx-large</u> eingestellt werden.
   Textformat: Hier kann der Text F<u>ett</u>, K<u>ursiv</u>, U<u>nterstrichen</u>, H<u>ochgestellt</u>, T<u>iefgestellt</u> usw. gestaltet werden.
   Ausrichten: Hier kann der Text Linksbündig, <u>Zentriert</u>, <u>Rechtsbündig</u> oder als <u>Blocksatz</u> gestaltet werden.

5. Erstellen und Speichern Sie einen Ordner *internet*

6. Schreiben und gestalten Sie in dem Composer von SeaMonkey den Text „Die Geschichte mit dem Hammer", vgl. S. 17.

7. Speichern Sie das Dokument unter *hammer.html* in dem Ordner *internet*

Erstellung einer eigenen Internetseite – Tabellen und Grafiken einfügen

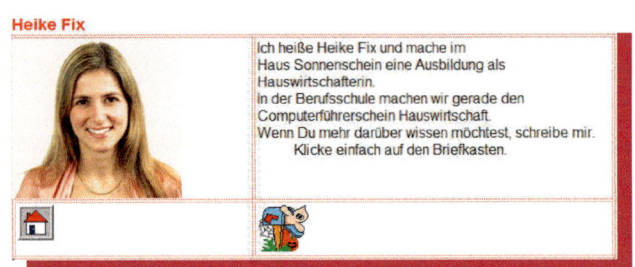

Tabelle im Composer

Hier ist der Anfang der Internetseite zu sehen, die Heike Fix im Composer von SeaMonkey erstellt hat. Deutlich zu sehen ist, dass sie mit einer Tabelle gearbeitet hat. Dies ist notwendig, da die Bildschirme, in denen diese Internetseite später zu sehen ist, alle unterschiedlich groß sind. Die Tabelle sorgt für Ordnung, so kann sich beim Vergrößern oder Verkleinern der Internetseite nichts verschieben. Sie werden nun eine eigene entsprechende Internetseite anfertigen.

Arbeitsauftrag:

1. Speichern Sie eine Internetseite unter Ihrem Vornamen im Ordner *internet*
2. Laden Sie die benötigten Grafiken, vgl. Aufgaben 5, 6 und 8, im Internet herunter und speichern Sie diese im Ordner *internet*
3. Fügen Sie ein Hintergrundbild ein.
4. Erstellen Sie eine Tabelle mit *2* Zeilen und *2* Spalten. Der Rand der Tabelle beträgt *0*. Die Breite der Tabelle beträgt *50 %*.
5. Fügen Sie in eine Zelle der Tabelle einen Briefkasten ein.
6. Fügen Sie in eine Zelle der Tabelle einen Homebutton ein.
7. Fügen Sie in eine Zelle der Tabelle einen Text Ihrer Wahl ein.
8. Fügen Sie in eine Zelle ein Bild oder eine Grafik Ihrer Wahl ein.

Achtung: Alle Bilder und Internetseiten müssen im selben Ordner liegen!

Gestaltungstipps für das Erstellen und Gestalten von Internetseiten in SeaMonkey

Zunächst Grafiken und Buttons aussuchen:

Bevor Sie eine Tabelle auf der Internetseite gestalten, sollten Sie sich zunächst ein Hintergrundbild im Internet aussuchen. Heike Fix hat sich bei der Internetadresse www.gif-bilder.de ein Wolkenbild, vgl. S. 92, als Hintergrund für ihre Seite ausgewählt und in dem Ordner *internet* gespeichert.

Sie sollten zusätzlich weitere Grafiken herunterladen, die Sie für die Gestaltung der Internetseite benötigen:
- einen Briefkasten, damit Sie auf Ihrer Internetseite Post bekommen können, vgl. oben.
- einen Homebutton, der zurück zur Startseite der Homepage führt, vgl. oben.
- einen Vorwärtsbutton und einen Rückwärtsbutton, damit man sich auf den Seiten bewegen kann.
- weitere Grafiken Ihrer Wahl zur Gestaltung der Internetseite.

 *Beispiel für Rückwärts- und Vorwärtsbutton*

Alle Grafiken müssen in dem Ordner *internet* gespeichert werden.

Einfügen eines Hintergrundbildes:

Hierfür klicken Sie in der Menüleiste auf *Format* und im Pulldown-Menü auf *Seitenfarben und -hintergrund….* Nun erscheint das rechts abgebildete Fenster:

Format ——

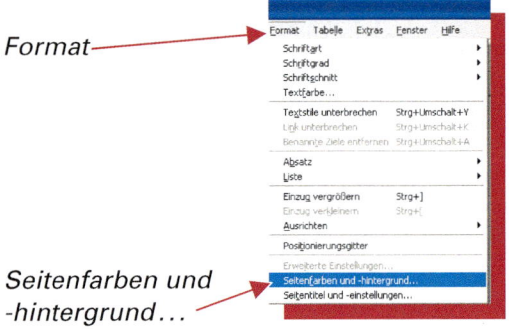

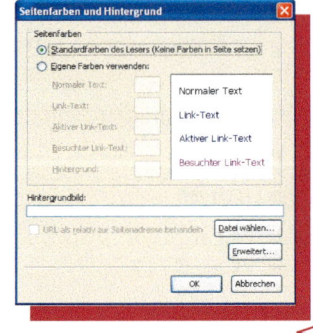

Seitenfarben und -hintergrund…

Das Kästchen vor „URL als relativ zur Seitenadresse behandeln" muss beim Einfügen eines Hintergrundbildes angeklickt sein, sonst kann e sein, dass das Bild später im Inte net nicht erscheint!

In diesem Fenster klicken Sie auf *Datei wählen...* und dann auf den Dateinamen Ihres Hintergrundbildes, das nun bereits in dem Fenster erscheint. Dann klicken Sie auf *OK*.

Erstellen einer Tabelle:

Für das Erstellen einer Tabelle klicken Sie in der Menüleiste auf *Tabelle* und im Pulldown-Menü auf *Einfügen* und *Tabelle...*.

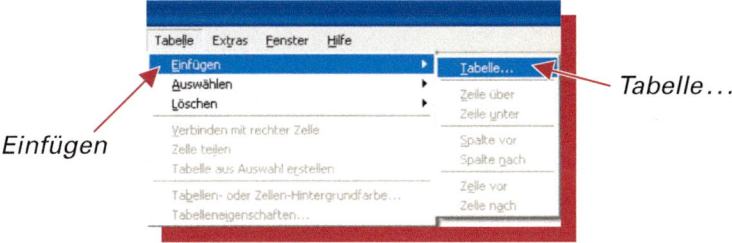

Einfügen

Tabelle...

Dann erscheint das folgende neue Fenster.

Nicht vergessen, den Rand der Tabelle auf 0 zu setzen!

Geben Sie die Zeilenanzahl *2* und die Spaltenanzahl *2* ein. Der Rand muss außerdem auf *0* gesetzt werden, damit die Tabelle später im Internet nicht zu sehen ist. Nun haben Sie eine Tabelle, wie sie auf der Seite 80 zu sehen ist. Den Rahmen der Tabelle können Sie durch Ziehen mit dem Mauszeiger verändern, wie Sie es bereits von dem Bearbeiten der Grafiken kennen.

Die Tabelle kann – wie bereits aus Word bekannt – durch weitere Zeilen und Spalten vergrößert werden.

Die verschiedenen Zellen der Tabelle gestalten Sie nun so, wie es Heike Fix getan hat, oder nach Ihren eigenen Vorstellungen.

Einfügen von Grafiken und Buttons:

Zunächst setzen Sie den Mauszeiger in die Zelle der Tabelle, in die die Grafik eingefügt werden soll.

Dann klicken Sie in der Menüleiste auf *Einfügen* und im Pulldown-Menü auf *Grafik...*. Das Fenster *Grafik-Eigenschaften* erscheint.

Klicken Sie nun zunächst in den *Kreis* vor dem Text *Alternativtext nicht verwenden*. Dann klicken Sie auf *Datei wählen...* und wählen das Bild aus, das Sie einfügen wollen, z. B. den Briefkasten. Die Grafik erscheint dann bereits in der Bildvorschau. Abschließend müssen Sie auf *OK* klicken und die Grafik wird eingefügt.

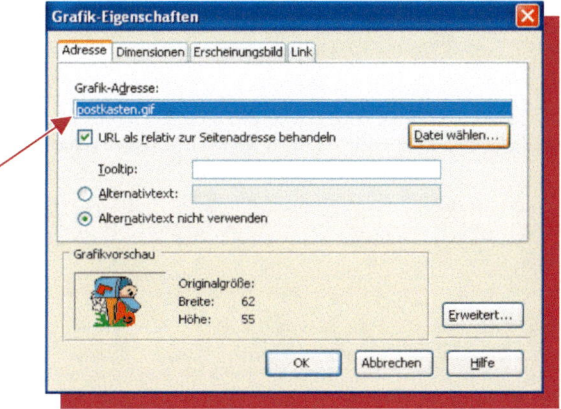

Das Kästchen vor „URL als relativ zur Seitenadresse behandeln" muss beim Einfügen von Grafiken angeklickt sein, sonst kann es sein, dass die Bilder später im Internet nicht erscheinen!

Verändern der Grafikgröße und Ausrichtung:

Die Größen der Grafiken können Sie wie in Word durch Ziehen an den Eckpunkten verändern. Außerdem können Sie die Grafiken markieren und dann durch Klicken auf die entsprechenden Symbole in der Menüleiste zentrieren oder rechtsbündig oder linksbündig platzieren.

Weitere Arbeit an der eigenen Internetseite

Arbeitsauftrag:

1. Öffnen Sie erneut Ihre selbst erstellte Internetseite.

2. Sehen Sie sich Ihre fertige Internetseite im Composer von SeaMonkey an, und überlegen Sie, welche Verbesserungen möglich sind.

3. Geben Sie Ihre E-Mail-Adresse auf der Internetseite ein.

4. Geben Sie einen Link zu einer anderen Homepage auf Ihrer Internetseite ein.

5. Erstellen Sie eine zweite Internetseite.

6. Verknüpfen Sie die beiden Internetseiten.

Gestaltungstipps für die weitere Arbeit:

Erneutes Öffnen der Internetseite in SeaMonkey:

Zum erneuten Öffnen Ihrer Internetseite klicken Sie in SeaMonkey zunächst wiederum auf das Composer-Fenster und dann in der Menüleiste auf *Datei* und im Pulldown-Menü auf *Web-Adresse öffnen*. Nun erscheint das folgende Fenster:

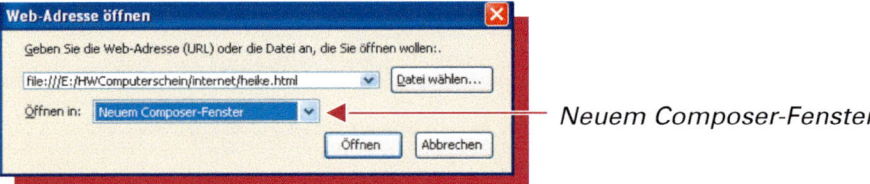

Neuem Composer-Fenster

Stellen Sie zunächst die Schaltfläche *Öffnen in:* auf *Neuem Composer-Fenster*. Klicken Sie dann auf *Datei wählen...*. Klicken Sie nun in dem Ordner *internet* auf den Namen Ihrer Datei. Danach klicken Sie auf *Öffnen*. Ihre Datei erscheint nun in einem neuen Composer-Fenster. Oder Sie klicken in der Menüleiste auf *Datei* und im Pulldown-Menü auf *Datei öffnen...*, bzw. auf das Symbol [🖫 Öffnen].

Wechseln zwischen dem Composer und der Internetansicht:

Wenn Sie Ihre Internetseite erneut geöffnet haben, können Sie unten links folgende Schaltflächen sehen:

Im Moment ist die Schaltfläche *Normal* angeklickt. Sie können auch die Schaltfläche Vorschau benutzen, wenn Sie Ihre Internetseite verändern möchten.

Wenn Sie in der Symbolleiste auf die Schaltfläche *Vorschau* klicken, befinden Sie sich in der Internetansicht von SeaMonkey.

Hier sehen Sie Ihre Internetseite so, wie sie später im Internet aussieht. Hier können Sie keine Veränderungen an der Internetseite vornehmen.

Wenn Sie die Seite schließen, befinden Sie sich wieder im Arbeitsteil des Composers, hier können Sie weiterarbeiten.

Anmerkung: Die beiden anderen Schaltflächen zeigen Ihnen lediglich, wie die Internetseite programmiert wurde.

Eingeben der E-Mail-Adresse:

Durch einen Doppelklick auf die Grafik, z. B. Briefkasten, mit der Ihre E-Mail-Anschrift verknüpft werden soll, erscheint das folgende Fenster:

Die E-Mail-Adresse lautet z. B.
mailto:heikefix@web.de

Klicken Sie auf *Link* und schreiben Sie in das freie Feld das Wort *mailto:* und direkt dahinter ohne Leerzeichen Ihre E-Mail-Adresse, z. B. mailto:heikefix@web.de

Eingeben eines Links z. B. zu Ihrer Lieblingsinternetseite:

Ein Link ist ein Verweis innerhalb eines Webdokuments auf ein anderes. Wenn Sie auf den Link klicken, werden Sie automatisch mit der entsprechenden Internetseite verbunden.

Geben Sie eine Grafik oder einen Text ein, mit der/dem Sie den Link verknüpfen möchten. Markieren Sie den Text oder die Grafik. Klicken Sie dann in der Menüleiste auf *Einfügen* und im Pulldown-Menü auf *Link*. Das folgenden Fenster erscheint:

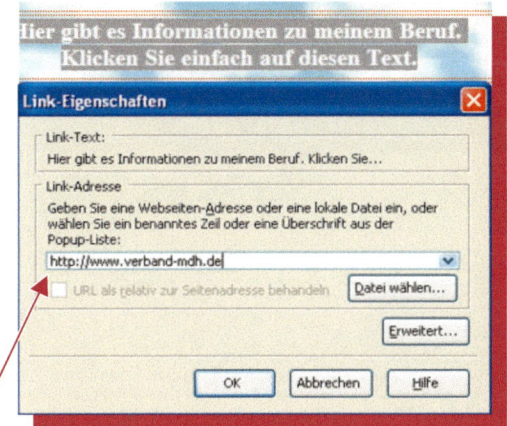

In das weiße Feld geben Sie http://www.verband-mdh.de oder eine andere Internetadresse Ihrer Wahl ein.

Danach klicken Sie auf *OK*. Der Link ist nun fertig und verbindet den Besucher Ihrer Homepage später im Internet durch Anklicken automatisch mit der entsprechenden Seite.

> Wenn Sie den folgenden Satz auf Ihrer Homepage unterbringen, sind Sie auf der sicheren Seite: „Trotz sorgfältiger inhaltlicher Kontrolle übernehme ich keine Haftung für die Inhalte externer Links. Für den Inhalt der verlinkten Seiten sind ausschließlich deren Betreiber verantwortlich."

Verknüpfung zwischen zwei Internetseiten:

Erstellen Sie zunächst eine zweite Internetseite, auf der Sie z. B. Ihren Betrieb vorstellen. Nun sollen die beiden Seiten verknüpft werden, sodass man im Internet zwischen den beiden Seiten wechseln kann.

Öffnen Sie hierfür zunächst die erste Internetseite. Markieren Sie die Grafik, die später zum Seitenwechsel angeklickt werden soll. Klicken Sie dann in der Menüleiste auf *Einfügen* und im Pulldown-Menü auf *Link*. Es erscheint das folgende Fenster:

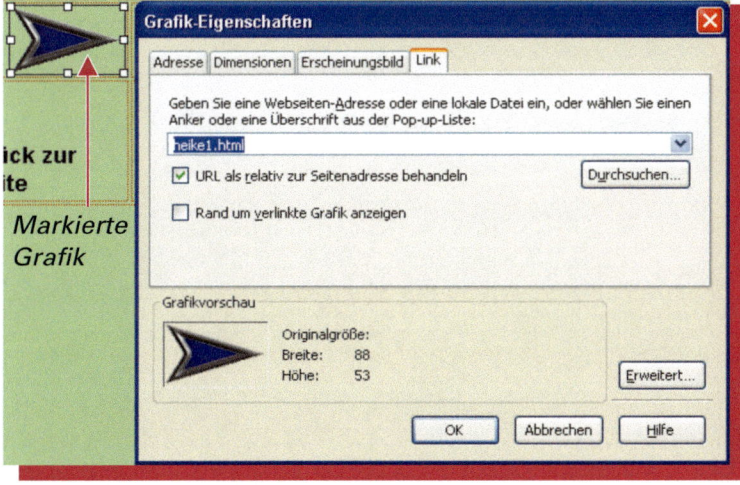

Markierte Grafik

Klicken Sie nun auf *Datei wählen...* und dann auf den Dateinamen der zweiten Internetseite, die mit der ersten Internetseite verknüpft werden soll. Klicken Sie anschließend auf *OK*. Nun kann im Internet durch Anklicken der Grafik – Bewegungspfeil – zwischen den beiden Internetseiten gewechselt werden.

Nun müssen Sie auf der zweiten Internetseite eine weitere Grafik – Bewegungspfeil – einfügen und diese mit der ersten Internetseite verknüpfen.

Überprüfung der Funktionen im Navigator:

Wenn beide Internetseiten fertig erstellt sind, sollten Sie die Internetseiten im Navigator von SeaMonkey öffnen und die Funktionen der verschiedenen Verknüpfungen überprüfen.

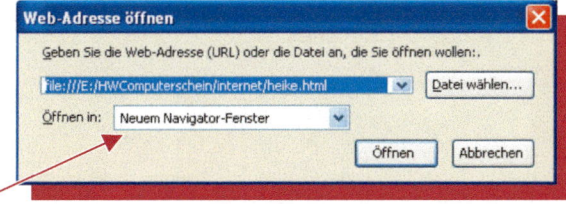

Das Öffnen erfolgt wie im Composer, nur die Schaltfläche *Öffnen in:* muss in *Neuem Navigator-Fenster* verändert werden, vgl. Abbildung.

Ich heiße Heike Fix und mache im Haus
Sonnenschein eine Ausbildung als
Hauswirtschafterin.
In der Berufsschule machen wir gerade den
Computerführerschein Hauswirtschaft.
Wenn Du mehr über den Computerführerschein
oder mich wissen möchtest, schreib mir.
Klick einfach auf den Briefkasten, dann erscheint
meine E-Mail Adresse.

Hier gibt es Informationen zu meinem Beruf.
Klicke einfach auf diesen Text.

Zur zweiten Seite

Meine E-Mail Adresse

Zurück zur Startseite

(keine Startseite vorhanden)

Einige Tätigkeitsfelder für Hauswirtschafterinnen und Hauswirtschafter
In welchen Betrieben arbeiten die abgebildeten Personen?

Zur ersten Seite

Hier geht es zu dem Ernährungsspiel

Zurück zur Startseite
(keine Startseite vorhanden)

Wir erstellen ein Spielfeld für ein Ernährungsspiel

Arbeitsauftrag:

1. Legen Sie einen Ordner *spiel* an.

2. Laden Sie sich für das Spielfeld passende Grafiken aus dem Internet herunter und speichern Sie diese in dem Ordner *spiel*

3. Öffnen Sie den Composer von SeaMonkey.

4. Speichern Sie die Seite unter *spiel.html* in dem Ordner *spiel*

5. Wählen Sie ein Hintergrundbild für die Seite aus.

6. Fügen Sie zunächst eine Tabelle mit einer Zeile und einer Spalte ein.

7. Schreiben Sie in die Zelle *Mein Ernährungsspiel*

8. Fügen Sie direkt darunter eine weitere Tabelle mit *5* Spalten und *5* Zeilen für das Spielfeld ein. Die Ränder der Tabellen sollen diesmal sichtbar sein.

9. Wählen Sie unterschiedliche Farben für die verschiedenen Zellen der Tabelle aus.

Gestaltungstipps für das Ernährungsspiel:

Auswahl der Farbe für eine einzelne Zelle:

Durch einen Doppelklick auf die entsprechende Zelle öffnet sich das folgende Fenster:

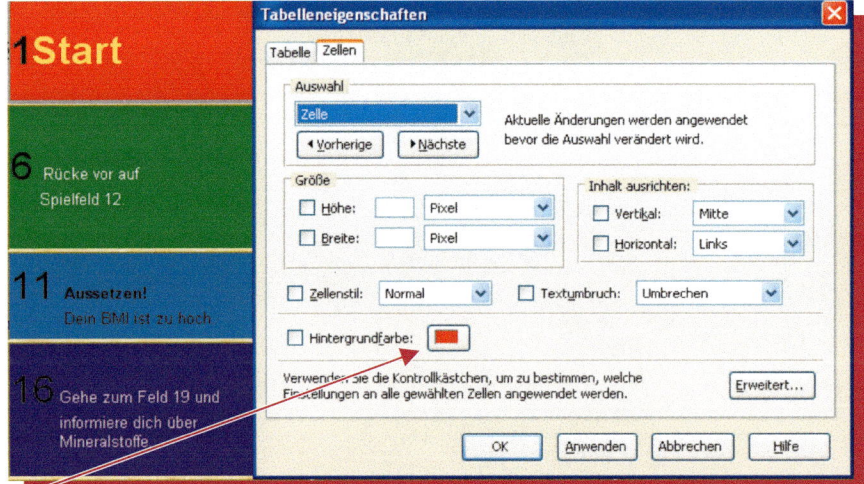

Klicken Sie auf das Kästchen hinter dem Wort Hintergrundfarbe: Nun öffnet sich das Fenster für Hintergrundfarben der Zellen. Wählen Sie durch Anklicken eine Farbe aus, hier wurde Rot ausgewählt. Die Zelle – hier das Startfeld – erscheint nun in Rot.

10. Versehen Sie die Zellen der unteren Tabelle mit Nummern.

11. Gestalten Sie die Zellen der unteren Tabelle mit Text und Grafiken.

Auswählen einer Schriftfarbe:

Markieren Sie die Schrift und klicken Sie dann auf das Symbol Textfarbe [⬛] und wählen Sie die gewünschte Farbe aus. Hier wurde Gelb ausgewählt.
Mit dem unteren Feld kann die Farbe der Zellen verändert werden.

*Das Spielfeld kann natürlich ausgedruckt und sofort zum Spielen verwendet werden.
Viel Spaß!*

12. Fügen Sie in eine Zelle Ihre E-Mail-Adresse ein.

13. Fügen Sie in eine Zelle einen Link zu einer Internetseite ein.

14. Verknüpfen die Seite *spiel.html* mit Ihrer zweiten Internetseite.

15. Versehen Sie die Seite *spiel.html* mit einem Homebutton.

Mein Ernährungsspiel

1 START

2 Noch ist deine Gesundheit O. K.

3

4 Wenn du eben auf Feld 3 warst, darfst du 2 Felder vorgehen.

5 Iss mehr Vitamine!!

6 Rücke vor auf Spielfeld 12.

7 Du solltest mehr Sport treiben. Wenn du 3 Liegestütze schaffst, darfst du sofort weiterspielen.

8 Aussetzen! Du nimmst zu wenig Ballaststoffe zu dir.

9 Du ernährst dich gesund.

10

11 Aussetzen! Dein BMI ist zu hoch.

12 Hier passiert dir nichts.

13 Du bist fit und darfst sofort weiterspielen.

14 Du hast zu viel kJ zu dir genommen, gehe 3 Felder zurück.

15 Du triffst dich mit Freunden zum Pizzaessen. Gehe zurück zum Feld 10.

16 Gehe zum Feld 19 und informiere dich über Mineralstoffe.

17

18 Deine Ernährung ist ausgewogen, gehe vor auf Feld 20.

19 www.aid.de

20

21 Du darfst noch einmal würfeln.

22 Gehe 3 Felder zurück.

23 Hier passiert dir nichts.

24 Schreibe mir eine E-Mail, wie du das Spiel findest!

25 ZIEL

A: Gestalten von Texten in Word

Arbeitsauftrag:

1. Schreiben Sie den Text – „Loriot: Fernsehabend" – in ein Word-Dokument ab und speichern Sie dieses unter dem Dateinamen *loriot* **5 PKT**

2. Den gesamten Text formatieren Sie dann mit der Schrift *Arial*, Schriftgröße *11*. **10 PKT**

3. Die Überschrift soll *Fett, größer* und in einer *anderen Schrift* erscheinen. **10 PKT**

4. Für den ersten Absatz wählen Sie den Zeilenabstand *1,5* aus. **10 PKT**

5. Rahmen Sie den ersten Absatz des Textes ein und wählen Sie hierfür außerdem eine Schattierung aus. **15 PKT**

6. Ersetzen Sie das Wort „Fernseher" an allen Stellen durch <u>TV</u> (unterstrichen). **10 PKT**

7. Gestalten Sie das Wort *„(Pause)"* grün und kursiv. **5 PKT**

8. Nummerieren Sie den Begriff *„(Pause)"* im gesamten Text. **10 PKT**

9. „Sie:" soll jeweils in roter Schrift und „Er:" in blauer Schrift erscheinen. **5 PKT**

10. Gestalten Sie den Text so, dass „Sie:" und „Er:" links immer frei vor dem Text stehen. **15 PKT**

11. Drucken Sie das Dokument loriot.docx aus. **5 PKT**

Loriot: Fernsehabend

Das Ehepaar sitzt vor dem Fernseher. Obwohl der Fernseher dunkel bleibt, starrt das Ehepaar zur gewohnten Stunde in die gewohnte Richtung.

Sie: Wieso geht der Fernseher denn grade heute kaputt?
Er: Die bauen die Geräte absichtlich so, dass sie schnell kaputtgehen . . .
    1. (Pause)
Sie: Ich muss nicht unbedingt fernsehen . . .
Er: Ich auch nicht . . . nicht nur, weil heute der Apparat kaputt ist . . . ich meine sowieso . . . ich sehe sowieso nicht gern Fernsehen . . .
Sie: Es ist ja auch wirklich nichts im Fernsehen, was man gern sehen möchte . . .
    2. (Pause)
Er: Heute brauchen wir Gott sei Dank überhaupt nicht erst in den blöden Kasten zu gucken . . .
Sie: Nee . . . *3. (Pause)* . . . Es sieht aber so aus, als ob du hinguckst . . .
Er: Ich?
Sie: Ja . . .
Er: Nein . . . ich sehe nur ganz allgemein in diese Richtung . . . aber du guckst hin . . . du guckst da immer hin!
Sie: Ich? Ich gucke da hin? Wie kommst du denn darauf?
Er: Es sieht so aus . . .
Sie: Das *kann* gar nicht so aussehen . . . ich gucke nämlich vorbei . . . ich gucke *absichtlich* vorbei . . . und wenn du ein kleines bisschen mehr auf mich achten würdest, hättest du bemerken können, dass ich absichtlich vorbeigucke, aber du interessierst dich ja überhaupt nicht für mich . . .
Er: (*fällt ihr ins Wort*) Jaaa . . . jaaa . . . jaaa . . . jaaa . . .
Sie: Wir können doch einfach mal ganz woanders hingucken . . .
Er: Woanders? . . . Wohin denn?
Sie: Zur Seite . . . oder nach hinten . . .
Er: Nach hinten? Ich soll nach hinten sehen? . . . Nur weil der Fernseher kaputt ist, soll ich nach hinten sehen? Ich lass mir doch von einem Fernsehgerät nicht vorschreiben, wo ich hinsehen soll!
    4. (Pause)
Sie: Was wäre denn heute für ein Programm gewesen?
Er: Eine Unterhaltungssendung . . .
Sie: Ach . . .
Er: Es ist schon eine Un-ver-schämtheit, was einem so Abend für Abend im Fernsehen geboten wird! Ich weiß gar nicht, warum man sich das überhaupt noch ansieht! . . . Lesen könnte man stattdessen, Karten spielen oder ins Kino gehen . . . oder ins Theater . . . stattdessen sitzt man da und glotzt auf dieses blöde Fernsehprogramm! [. . .]

B: Gestalten von Checklisten in Word

Arbeitsauftrag:

1. Schreiben Sie die Checkliste für die Planung einer Feier in ein Word-Dokument ab und speichern Sie dieses unter dem Dateinamen *fest*   **5 PKT**

2. Formatieren Sie den gesamten Text mit der Schrift *Times New Roman*, Schriftgröße *12*.   **5 PKT**

3. Die Überschrift soll *Fett, größer* und in einer *anderen Schrift* erscheinen.   **10 PKT**

4. Fügen Sie vor alle einzelnen Angaben ein Symbol in Form eines Quadrates ein, das angekreuzt werden kann.   **20 PKT**

5. Gestalten Sie die Einzüge mit den Tabulatoren bzw. der Tab-Taste [⇆].   **20 PKT**

6. Nummerieren Sie die vier Aufgaben in der Checkliste.   **10 PKT**

7. Gestalten Sie die Begriffe Tischkarten, Menükarten, Kerzenleuchter, Blumen und Tischläufer farbig.   **5 PKT**

8. Verändern Sie den Zeilenabstand für die zweite Aufgabe in der Checkliste auf Zeilenabstand *1,5 Zeilen*. Auch der Zeilenabstand zwischen den Aufgaben und den weiteren Angaben soll *1,5* betragen.   **10 PKT**

9. Überprüfen Sie die Rechtschreibung mit der Rechtschreibkorrektur.   **10 PKT**

10. Drucken Sie das Word-Dokument *fest.docx* aus.   **5 PKT**

Checkliste für die Vorbereitung einer Feier

1. Kreuzen Sie die Informationen an, die Sie für die Planung einer Feier benötigen.

☐ Personenzahl   ☐ Raum
☐ Altersgruppe   ☐ Tafelform
☐ Anlass/Thema   ☐ Tischwäsche
☐ Jahreszeit   ☐ Geschirr/Gläser
☐ Termin   ☐ Speisenauswahl
☐ Tageszeit   ☐ Getränkeauswahl
☐ Programm   ☐ Arbeitskräfte
☐ Dauer   ☐ Kosten

2. Kreuzen Sie an, welche Tischdekorationen Sie für die Feier auswählen.

☐ **Tischkarten** werden bei einer bestimmten Tischordnung benötigt.

☐ **Menükarten** informieren den Gast über die Speisenfolge.

☐ **Kerzenleuchter** verleihen dem Raum eine stimmungsvolle Atmosphäre.

☐ **Blumen** als Gestecke eignen sich gut als Tischdekoration.

☐ **Tischläufer** und Tischbänder dienen ebenfalls der Tischdekoration.

3. Kreuzen Sie Spiele an, die Sie für einen Kindergeburtstag auswählen.

☐ Topfschlagen   ☐ Ratespiele
☐ Reise nach Jerusalem ☐ Verstecken
☐ Eierlaufen   ☐ Begriffe raten
☐ Seilspiele   ☐ _____

4. Kreuzen Sie Speisen an, die Sie für einen Kindergeburtstag auswählen.

☐ Würstchen   ☐ Obstsalat
☐ Kartoffelsalat   ☐ Eiscreme
☐ Pommes frites   ☐ Salatteller
☐ Spaghetti   ☐ Pizza
☐ Currywurst   ☐ _____

C: Gestalten von Texten in Word

Arbeitsauftrag:

1. Schreiben Sie den folgenden Text in ein Word-Dokument ab und speichern Sie dieses unter dem Dateinamen *buegeln* **5 PKT**

2. Formatieren Sie den gesamten Text mit der Schrift *Arial*, Schriftgröße *11*. **10 PKT**

3. Die Überschrift soll *Fett, größer, unterstrichen* und in einer *anderen Schrift* erscheinen. **10 PKT**

4. Der erste Buchstabe einer Zeile soll jeweils in der Schriftgröße *16* und *rot* erscheinen. **15 PKT**

5. Markieren Sie die einzelnen Satzanfänge mit einem Punkt – Aufzählungszeichen. **15 PKT**

6. Verändern Sie den ersten Textteil auf Zeilenabstand *1,5*. **10 PKT**

7. Fügen Sie am Ende des Textes eine ClipArt-Grafik ein. **20 PKT**

8. Überprüfen Sie die Rechtschreibung mit der Rechtschreibkorrektur. **10 PKT**

9. Drucken Sie das Word-Dokument *buegeln.docx* aus. **5 PKT**

Verlag Handwerk und Technik GmbH, Lademannbogen 135, 22339 Hamburg; Postfach 630500, 22331 Hamburg
E-Mail: info@handwerk-technik.de
Internet: www.handwerk-technik.de

Hinweis zu §52a UrhG: Weder das Werk noch seine Teile dürfen ohne eine solche Einwilligung eingescannt und in ein Netzwerk eingestellt werden. Dies gilt auch für Intranets von Schulen und sonstigen Bildungseinrichtungen.

<u>Arbeitsplatz für das Bügeln</u>

- **J**e nachdem, ob die bügelnde Person Rechts- oder Linkshänder ist, steht der Behälter mit den ungebügelten Textilien rechts oder links neben dem Bügelbrett.

- **D**ie ungebügelte Wäsche sollte ohne Bücken gegriffen werden können.

- **A**uf der anderen Seite des Bügelbretts steht eine Ablage für die gebügelten Textilien.

- **D**as Bügelbrett sollte höhenverstellbar sein, damit sowohl im Sitzen als auch im Stehen gearbeitet werden kann.

- **J**e nach Größe der zu bügelnden Teile wird im Sitzen oder Stehen gearbeitet.

- **E**ine Hilfe für das Bügeln kleinerer, geformter Teile ist ein Ärmelbrett.

- **E**in Arbeitsstuhl/eine Stehhilfe mit verstellbarer Höhe erleichtert ebenfalls das Bügeln.

- **B**eim Arbeiten an einer Bügelmaschine ersetzt diese in der U-förmigen Anordnung das Bügelbrett.

<u>Anordnung des Bügelbretts</u>

- **D**er Lichteinfall sollte von der Seite kommen.
- **E**ine ausreichende Belüftung und Entlüftung sollte vorhanden sein.
- **D**as Bügeleisen wird mit der rechten Hand am Körper vorbei über die Textilien geschoben.
- **D**ie linke Hand zieht diese vorsichtig straff.
- **D**ie gebügelten Teile werden nach hinten geschoben, hier können sie glatt herunterhängen. Sie dürfen den Boden nicht berühren.

D: Gestalten von Rezepten in Word

Arbeitsauftrag:

1. Schreiben Sie die folgenden Rezepte in ein Word-Dokument ab und speichern Sie dieses unter dem Dateinamen *rezept* **5 PKT**

2. Formatieren Sie den gesamten Text mit der Schrift *Arial*, Schriftgröße *11*. **10 PKT**

3. Die Rezeptüberschriften sollen *Fett, größer, unterstrichen* und in einer *anderen Schrift* erscheinen. **10 PKT**

4. Die Zutaten sollen *farbig* und *Fett* erscheinen. **5 PKT**

5. Die Rezepte sollen mit *Rahmen, Schattierung* und *Linien* erscheinen. **20 PKT**

6. Verändern Sie den Zeilenabstand in den Zeilen mit Linien auf *1,5* Zeilenabstand. **10 PKT**

7. Fügen Sie ClipArt-Bilder in die Rezepte ein. **20 PKT**

8. Nummerieren Sie die Rezepte. **5 PKT**

9. Überprüfen Sie die Rechtschreibung mit der Rechtschreibkorrektur. **10 PKT**

10. Drucken Sie das Word-Dokument *rezept.docx* aus. **5 PKT**

1. Kräutersoße, kalt

1 Becher Joghurt,	
1 Becher saure Sahne	und
1 EL Zitronensaft	mischen.
2 Eier	hart kochen, pellen, fein hacken, unterrühren.
1 Bund Kräuter	waschen, hacken, ebenfalls unterrühren.
Salz und Zucker	zum Abschmecken verwenden.

2. Möhren-Apfel-Rohkost

2 EL Zitronensaft,	
2 EL Salatöl, 2 EL Wasser	verschlagen.
300 g Möhren	waschen, schälen, reiben.
200 g Äpfel	waschen, schälen, raspeln.
	Zerkleinerte Möhren und Äpfel mit der Marinade vermengen. Mit
Salz und Honig	abschmecken.

3. Pflaumenkompott

500 g Pflaumen	waschen, halbieren, entsteinen, mit
40 g Zucker	gar dünsten.
Zucker	evtl. zum Abschmecken verwenden.

A: Gestalten von Tabellen in Word

Arbeitsauftrag:

1. Öffnen Sie ein neues Word-Dokument und verändern Sie das Papierformat auf *Querformat*. Die Seitenränder sollen an allen Seiten *3* cm betragen. — **10 PKT**

2. Speichern Sie das Word-Dokument unter *checkliste* — **5 PKT**

3. Schreiben Sie dann zunächst die Tabellenüberschrift in *Arial 12, Fett* und *Kursiv*. Der Text in der Tabelle wird mit *Arial 11* geschrieben. — **5 PKT**

4. Fügen Sie dann eine Tabelle mit *3* Spalten und *12* Zeilen ein. Für die Zellenbreite klicken Sie unter *Tabellentools/Layout: Fenster automatisch anpassen* an. — **10 PKT**

5. Schreiben und nummerieren Sie die einzelnen Anforderungen, vgl. Tabelle. — **10 PKT**

6. Versehen Sie die Kopfzeile der Tabelle mit einer gelben Schattierung. — **5 PKT**

7. Fügen Sie in die Spalten „Erfüllt" und „Nicht erfüllt" passende Symbole und ein Kürzel für Ihren Namen ein. (Nach der Tabelle gibt es weitere Aufgaben.) — **15 PKT**

Checkliste für die Lebensmittelhygiene

Anforderungen	Erfüllt	Nicht erfüllt
1. Gibt es eine ausreichende Anzahl an Handwaschbecken?	✓ Sch	
2. Sind die Handwaschbecken mit Papierhandtüchern ausgestattet?		↓ Sch
3. Gibt es ausreichende Belüftung?	✓ Sch	
4. Gibt es ausreichend künstliche Beleuchtung?		↓ Sch
5. Sind die Fußböden leicht zu reinigen?	✓ Sch	
6. Sind die Wandflächen abwaschbar?		↓ Sch
7. Haben Türen und Fenster eine glatte Oberfläche?	✓ Sch	
8. Sind die Transportbehälter für Lebensmittel leicht zu reinigen?		↓ Sch
9. Sind ausreichend Geräte zur Überwachung der Kerntemperatur vorhanden?	✓ Sch	
10. Werden die Arbeitsgeräte getrennt von den Lebensmitteln gereinigt?		↓ Sch
11. Sind die Abfallbehälter leicht zu reinigen?	✓ Sch	

8. Ergänzen Sie in der Tabelle nach der 6. Anforderung in einer neuen Zeile folgenden Text: Haben die Regale einen ausreichenden Abstand zum Boden? Achten Sie darauf, dass die Nummerierung in der Tabelle nun bis zur Zahl 12 geht. — **15 PKT**

9. Fügen Sie unten auf der Seite rechts ein Textfeld ein. — **5 PKT**

10. Suchen Sie nach einer passenden Abbildung im Internet und fügen Sie diese in das Textfeld ein. — **10 PKT**

11. Die Ränder des Textfeldes sollen nicht zu sehen sein. — **5 PKT**

12. Drucken Sie das Word-Dokument *checkliste.docx* aus. — **5 PKT**

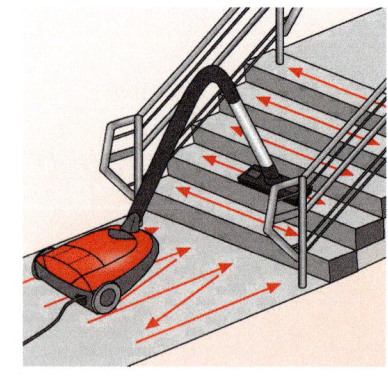

B: Gestaltung eines Flyers

Arbeitsauftrag:

1. Erstellen Sie einen Ordner mit dem Namen *markt* — 5 PKT

2. Öffnen Sie ein neues Word-Dokument.
   Die Seitenränder sollen an allen Seiten *3* cm betragen. — 5 PKT

3. Speichern Sie das Word-Dokument unter *flyermarkt* in dem Ordner *markt* — 5 PKT

4. Erstellen Sie einen einseitigen Flyer im A4-Format als Werbung für
   den Stand Ihres Betriebes auf einem Bauernmarkt. — 25 PKT
   Termin für den Bauernmarkt: 11.11.2012   **Zeit**: 9:30 bis 16:30 Uhr
   Angebote: Martinsgänse, Obst und Gemüse

5. Gestalten Sie den Flyer mit Bildschriften, Symbolen und mit Seitenrand. — 20 PKT

6. Schreiben und gestalten Sie außerdem eine Preisliste mit 5 Obstsorten
   und 5 Gemüsesorten: **Beispiel:** 1 kg Äpfel   1,99 € — 35 PKT

7. Drucken Sie die Datei flyermarkt.docx aus. — 5 PKT

Besuchen Sie uns auf dem
Bauernmarkt in Sonnenberg

Im Angebot

preisgünstige Martinsgänse

*Obst und Gemüse
aus dem eigenen Garten*

Termin 11.11.2012

Von 9:30 bis 16:30

Familie Oskar Landwirt freut sich auf Ihren Besuch
Sonnenberg
Hof Grünes Land

C: Gestalten einer Menükarte in Word

Arbeitsauftrag:

1. Erstellen Sie einen Ordner mit dem Namen *karte* **5 PKT**

2. Öffnen Sie ein neues Word-Dokument und speichern Sie dieses unter *essen* **5 PKT**

3. Gestalten Sie zwei A4-Seiten im Querformat mit einer Tabelle als Menükarte. **5 PKT**

4. Gestalten Sie die Vorderseite der Menükarte für eine Geburtstagsfeier – 70. Geburtstag – von Frau Luise Hansen. **5 PKT**

5. Gestalten Sie die Rückseite der Menükarte mit einem 4-Gänge-Menü und den passenden Getränken. **10 PKT**

6. Die Tabellenränder, die für die Erstellung der Menükarte verwendet wurden, sollen unsichtbar sein. **5 PKT**

7. Die Menükarte soll mit unterschiedlichen Schriftarten, Schriftgrößen und Farben gestaltet werden. **10 PKT**

8. Suchen Sie im Internet nach zwei passenden Bildern für die Menükarte. **20 PKT**

9. Fügen Sie zwei Textfelder und anschließend die Bilder in die Menükarte ein. **10 PKT**

10. Die Ränder der Textfelder sollen nicht zu sehen sein. **5 PKT**

11. Wählen Sie für die Menükarte einen Seitenrand aus. **5 PKT**

12. Drucken Sie beide Seiten der Menükarte auf Vorder- und Rückseite eines Papiers aus. **15 PKT**

Verlag Handwerk und Technik GmbH, Lademannbogen 135, 22339 Hamburg, Postfach 630500, 22331 Hamburg.
E-Mail: info@handwerk-technik.de
Internet: www.handwerk-technik.de

A: Arbeiten mit dem Nährwertprogramm

Aufgaben:

1. **Ermitteln Sie das Gewicht bzw. Volumen folgender Lebensmittel:**   15 PKT

1 Brötchen _____	1 Fischstäbchen _____	In 1 Saftglas passen _____
1 Apfel _____	1 Portion Gemüse _____	1 EL Speiseöl _____
1 Tomate _____	1 EL Butter _____	
1 Käsescheibe _____	1 Zuckerstück _____	

2. **Überprüfen Sie das Gewicht folgender Personen mithilfe des BMI.**   8 PKT

Jana Meier ist 160 cm groß und wiegt 50 kg. Jana hat _____.

Markus Petersen ist 180 cm groß und wiegt 58 kg. Markus hat _____.

Heike Fix ist 170 cm groß und wiegt 72 kg. Heike hat _____.

Michael König ist 155 cm groß und wiegt 62 kg. Michael hat _____.

3. **Ergänzen Sie den folgenden Text:** Unseren täglichen Nährstoffbedarf sollten wir durch   6 PKT

_____ Eiweiß, _____ Fett und _____ Kohlenhydrate decken.

4. **Ermitteln Sie die empfohlene tägliche Energiezufuhr, Eiweißzufuhr, Fettzufuhr und Kohlenhydratzufuhr für folgende Personen:**   18 PKT

a) Regina Meier ist 16 Jahre alt, sie ist in der 10. Klasse der Goetheschule – PAL-Wert 1,4.

Tägliche Sollzufuhr: _____ kJ Energie _____ g Eiweiß

_____ g Fett _____ g Kohlenhydrate

b) Michael König ist 18 Jahre alt, er macht die Ausbildung als Hauswirtschafter – PAL-Wert 1,6.

Tägliche Sollzufuhr: _____ kJ Energie _____ g Eiweiß

_____ g Fett _____ g Kohlenhydrate

c) Jeannette Bruhn ist 17 Jahre alt, sie macht die Ausbildung zur Hauswirtschafterin – PAL-Wert 1,6.

Tägliche Sollzufuhr: _____ kJ Energie _____ g Eiweiß

_____ g Fett _____ g Kohlenhydrate

5. **Schreiben Sie die Lösungen der Aufgaben 1 bis 4 in ein Word-Dokument und drucken Sie dieses aus.**   25 PKT

6. **Berechnen Sie den Energiegehalt, Eiweißgehalt, Fettgehalt und Kohlenhydratgehalt des folgenden 1. Frühstücks für Jeannette Bruhn.**   12 PKT

Menge g/ml	Lebensmittel	Energie kJ	Eiweiß g	Fett g	Kohlenhydrate g
	Müsli				
150	Joghurt, teilentrahmt				
80	Äpfel, frisch				
100	Apfelsine				
20	Sultaninen				
10	Sonnenblumenkerne				
15	Bienenhonig				
30	Haferflocken, kernige				
200	**Orangensaft**				
Istzufuhr					

7. **Die Sollwerte werden nicht erreicht. Verbessern Sie die Lebensmittelauswahl für das 1. Frühstück.**   10 PKT

8. **Drucken Sie die Nährwertberechnung für das Frühstück aus.**   6 PKT

A: Arbeiten mit dem Nährwertprogramm – Lösung

Aufgaben:

1. Ermitteln Sie das Gewicht bzw. Volumen folgender Lebensmittel: **15 PKT**

1 Brötchen	40 g	1 Fischstäbchen	30 g

In 1 Saftglas passen **200 ml**

1 Apfel **160 g** 1 Portion Gemüse **200 g** 1 EL Speiseöl **10 ml**

1 Tomate **70 g** 1 EL Butter **10 g**

1 Käsescheibe **30 g** 1 Zuckerstück **5 g**

2. Überprüfen Sie das Gewicht folgender Personen mithilfe des BMI.   **8 PKT**

Jana Meier ist 160 cm groß und wiegt 50 kg. Jana hat **Normalgewicht** .

Markus Petersen ist 180 cm groß und wiegt 58 kg. Markus hat **Untergewicht** .

Heike Fix ist 170 cm groß und wiegt 72 kg. Heike hat **Normalgewicht** .

Michael König ist 155 cm groß und wiegt 62 kg. Michael hat **Übergewicht** .

3. Ergänzen Sie den folgenden Text: Unseren täglichen Nährstoffbedarf sollten wir durch   **6 PKT**

15 % Eiweiß, **30 %** Fett und **55 %** Kohlenhydrate decken.

4. Ermitteln Sie die empfohlene tägliche Energiezufuhr, Eiweißzufuhr, Fettzufuhr und Kohlenhydratzufuhr für folgende Personen: **18 PKT**

a) Regina Meier ist 16 Jahre alt, sie ist in der 10. Klasse der Goetheschule – PAL-Wert 1,4.

Tägliche Sollzufuhr: **8 500** kJ Energie **75** g Eiweiß

69 g Fett **275** g Kohlenhydrate

b) Michael König ist 18 Jahre alt, er macht die Ausbildung als Hauswirtschafter – PAL-Wert 1,6.

Tägliche Sollzufuhr: **12 200** kJ Energie **108** g Eiweiß

99 g Fett **395** g Kohlenhydrate

c) Jeannette Bruhn ist 17 Jahre alt, sie macht die Ausbildung zur Hauswirtschafterin – PAL-Wert 1,6.

Tägliche Sollzufuhr: **9 800** kJ Energie **86** g Eiweiß

79 g Fett **317** g Kohlenhydrate

5. Schreiben Sie die Lösungen der Aufgaben 1 bis 4 in ein Word-Dokument und drucken Sie dieses aus.   **25 PKT**

6. Berechnen Sie den Energiegehalt, Eiweißgehalt, Fettgehalt und Kohlenhydratgehalt des folgenden 1. Frühstücks für Jeannette Bruhn.   **12 PKT**

Menge g/ml	Lebensmittel	Energie kJ	Eiweiß g	Fett g	Kohlenhydrate g
	Müsli				
150	Joghurt, teilentrahmt	345	6	3	8
80	Äpfel, frisch	168	+	+	10
100	Apfelsine	170	1	+	9
20	Sultaninen	228	+	+	13
10	Sonnenblumenkerne	251	3	5	1
15	Bienenhonig	206	+	+	12
30	Haferflocken, kernige	470	4	2	19
200	**Orangensaft**	370	2	+	20
Istzufuhr		**2 208**	**16**	**10**	**92**

7. Die Sollwerte werden nicht erreicht. Verbessern Sie die Lebensmittelauswahl für das 1. Frühstück.   **10 PKT**

8. Drucken Sie die Nährwertberechnung für das Frühstück aus.   **6 PKT**

B: Arbeiten mit dem Nährwertprogramm

Aufgaben:

1. Welches Fassungsvermögen haben folgende Gefäße? 9 PKT

Kaffeetasse _____   Saftglas _____   Suppentasse _____

Suppenteller _____   Teeglas _____   1 EL Speiseöl _____

2. Welches Gewicht haben folgende Lebensmittelportionen? 9 PKT

Portion geschälte Kartoffeln _____   Portion Gemüse _____

Portion Salat _____   Portion Obstsalat _____

1 Schweinekotelett _____   Portion Eintopf, Hauptgericht _____

3. Ergänzen Sie den folgenden Text: Der Energiegehalt von 1 g Kohlenhydraten beträgt 6 PKT

_____ , von 1 g Fett _____ und 1 g Eiweiß _____ .

4. Rechnen Sie folgende Literangaben in Milliliter um: 10 PKT

⅛ l = _____   ¾ l = _____   ½ l = _____   ¼ l = _____   1 l = _____

5. Ermitteln Sie die empfohlene tägliche Energiezufuhr, Eiweißzufuhr, Fettzufuhr und Kohlenhydratzufuhr für folgende Personen: 16 PKT

a) Frau K. Paulsen ist 65 Jahre alt. Sie wohnt im Haus Sonnenschein – PAL-Wert 1,4.

Tägliche Sollzufuhr: _____ kJ Energie _____ g Eiweiß

_____ g Fett _____ g Kohlenhydrate

b) Herr G. Hansen ist 40 Jahre alt. Er arbeitet als Hauswirtschafter in einer Jugendherberge – PAL-Wert 1,6.

Tägliche Sollzufuhr: _____ kJ Energie _____ g Eiweiß

_____ g Fett _____ g Kohlenhydrate

c) Jeannette Bruhn ist 17 Jahre, sie macht eine Ausbildung zur Hauswirtschafterin – PAL-Wert 1,6.

Tägliche Sollzufuhr: _____ kJ Energie _____ g Eiweiß

_____ g Fett _____ g Kohlenhydrate

6. Schreiben Sie die Lösungen der Aufgaben 1 bis 5 in ein Word-Dokument und drucken Sie dieses aus. 20 PKT

7. Berechnen Sie den Energiegehalt, Eiweißgehalt, Fettgehalt und Kohlenhydratgehalt des folgenden Mittagessens für Jeannette Bruhn. 12 PKT

Menge g/ml	Lebensmittel	Energie kJ	Eiweiß g	Fett g	Kohlenhydrate g
	Nudeln mit Ketchup				
150	Eierteigwaren, gekocht				
10	Butter				
50	Tomatenketchup				
	Spiegelei				
1 Stück	Hühnerei				
10	Butter				
200	**Apfelsaft**				
Istwerte					

8. Die Sollwerte werden nicht vollständig erreicht. Verbessern Sie die Lebensmittelauswahl für das Mittagessen. 10 PKT

9. Drucken Sie die Nährwertberechnung für das Mittagessen aus. 7 PKT

B: Arbeiten mit dem Nährwertprogramm – Lösung

Aufgaben:

1. Welches Fassungsvermögen haben folgende Gefäße?   9 PKT

Kaffeetasse   125 ml   Saftglas   200 ml   Suppentasse   200 ml

Suppenteller   250 ml   Teeglas   250 ml   1 EL Speiseöl   10 ml

2. Welches Gewicht haben folgende Lebensmittelportionen?   9 PKT

Portion geschälte Kartoffeln   200 g   Portion Gemüse   200 g

Portion Salat   75 g   Portion Obstsalat   125 g

1 Schweinekotelett   125 g   Portion Eintopf, Hauptgericht   500 g

3. Ergänzen Sie den folgenden Text: Der Energiegehalt von 1 g Kohlenhydraten beträgt   6 PKT

17 kJ , von 1 g Fett 37 kJ und 1 g Eiweiß 17 kJ .

4. Rechnen Sie folgende Literangaben in Milliliter um: 10 PKT

⅛ l = 125 ml   ¾ l = 750 ml   ½ l = 500 ml   ¼ l = 250 ml   1 l = 1 000 ml

5. Ermitteln Sie die empfohlene tägliche Energiezufuhr, Eiweißzufuhr, Fettzufuhr und Kohlenhydratzufuhr für folgende Personen: 16 PKT

a) Frau K. Paulsen ist 65 Jahre alt. Sie wohnt im Haus Sonnenschein – PAL-Wert 1,4.

Tägliche Sollzufuhr: 6 900   kJ Energie   61   g Eiweiß

56   g Fett   223   g Kohlenhydrate

b) Herr G. Hansen ist 40 Jahre alt. Er arbeitet als Hauswirtschafter in einer Jugendherberge – PAL-Wert 1,6.

Tägliche Sollzufuhr: 11 700   kJ Energie   103   g Eiweiß

95   g Fett   379   g Kohlenhydrate

c) Jeannette Bruhn ist 17 Jahre, sie macht eine Ausbildung zur Hauswirtschafterin – PAL-Wert 1,6.

Tägliche Sollzufuhr: 9 800   kJ Energie   86   g Eiweiß

79   g Fett   317   g Kohlenhydrate

6. Schreiben Sie die Lösungen der Aufgaben 1 bis 5 in ein Word-Dokument und drucken Sie dieses aus.   20 PKT

7. Berechnen Sie den Energiegehalt, Eiweißgehalt, Fettgehalt und Kohlenhydratgehalt des folgenden Mittagessens für Jeannette Bruhn.   12 PKT

Menge g/ml	Lebensmittel	Energie kJ	Eiweiß g	Fett g	Kohlenhydrate g
	Nudeln mit Ketchup				
150	Eierteigwaren, gekocht	900	8	2	42
10	Butter	310	+	8	0
50	Tomatenketchup	223	1	+	12
	Spiegelei				
1 Stück	Hühnerei	370	7	6	1
10	Butter	310	+	8	0
200	**Apfelsaft**	410	+	+	24
Istwerte		**2 523**	**16**	**24**	**79**

8. Die Sollwerte werden nicht vollständig erreicht. Verbessern Sie die Lebensmittelauswahl für das Mittagessen.   10 PKT

9. Drucken Sie die Nährwertberechnung für das Mittagessen aus.   7 PKT

Verlag Handwerk und Technik GmbH, Lademannbogen 135, 22339 Hamburg; Postfach 630500, 22331 Hamburg
E-Mail: info@handwerk-technik.de
Internet: www.handwerk-technik.de

Hinweis zu §52a UrhG: Weder das Werk noch seine Teile dürfen ohne eine solche Einwilligung eingescannt und in ein Netzwerk eingestellt werden. Dies gilt auch für Intranets von Schulen und sonstigen Bildungseinrichtungen.

C: Arbeiten mit dem Nährwertprogramm

Aufgaben:

1. Ermitteln Sie, wie viel Energie, Eiweiß, Fett und Kohlenhydrate Michael König, der eine Ausbildung zum Hauswirtschafter macht, täglich zu sich nehmen soll.   **10 PKT**
Alter: 18 Jahre, PAL-Wert 1,6

Tägliche Sollzufuhr: _____ kJ Energie   _____ g Eiweiß

_____ g Fett   _____ g Kohlenhydrate

2. Berechnen Sie den folgenden Tageskostplan für Michael König.   **34 PKT**

Menge g/ml	Lebensmittel	Energie kJ	Eiweiß g	Fett g	Kohlenhydrate g
40	Brötchen, Semmel				
50	Roggenvollkornbrot				
20	Butter				
1 Stück	Hühnerei				
30	Doppelrahmfrischkäse				
50	Schinken, gekocht				
20	Konfitüre				
500	Tee, schwarzer				
Istzufuhr 1. Frühstück					
50	Zartbitterschokolade				
Istzufuhr 2. Frühstück					
150	Schweineschnitzel				
10	Maiskeimöl				
150	Pommes frites				
250	Brokkoli				
75	Eiscreme				
30	Schlagsahne				
Istzufuhr Mittagessen					
50	Kartoffelchips				
330	Cola-Getränk				
Istzufuhr Nachmittag					
40	Roggenmischbrot				
50	Roggenvollkornbrot				
20	Margarine				
30	Leberwurst, grob				
30	Edamer Käse, 45 % Fett i. Tr.				
70	Tomate				
500	Kräutertee				
Istzufuhr Abendbrot					
Gesamt-Istzufuhr					
Gesamt-Sollzufuhr					

3. Welche Nährstoffe nimmt Michael König   **6 PKT**

a) zu viel auf? _____.

b) zu wenig auf? _____.

4. Drucken Sie den Tageskostplan aus.   **7 PKT**

5. Michael König ist 180 cm groß und wiegt 60 kg.   **8 PKT**
Berechnen und beurteilen Sie den BMI von Michael König.

Michael König hat einen BMI von _____. Er hat _____.

6. Schreiben Sie die Lösungen der Aufgaben 1, 3 und 5 in ein Word-Dokument und drucken Sie dieses aus.   **20 PKT**

7. Erstellen Sie einen Ordner tageskostplan.   **15 PKT**
Speichern Sie das Word-Dokument und die Nährwertberechnung des Tageskostplans in dem Ordner.

Verlag Handwerk und Technik GmbH, Lademannbogen 135, 22339 Hamburg; Postfach 630500, 22331 Hamburg
E-Mail: info@handwerk-technik.de
Internet: www.handwerk-technik.de

C: Arbeiten mit dem Nährwertprogramm – Lösung

Aufgaben:

1. Ermitteln Sie, wie viel Energie, Eiweiß, Fett und Kohlenhydrate Michael König, der eine Ausbildung zum Hauswirtschafter macht, täglich zu sich nehmen soll.   **10 PKT**

Alter: 18 Jahre, PAL-Wert 1,6

Tägliche Sollzufuhr: <u>12 200</u>   kJ Energie   <u>108</u>   g Eiweiß

<u>99</u>   g Fett   <u>395</u>   g Kohlenhydrate

2. Berechnen Sie den folgenden Tageskostplan für Michael König.   **34 PKT**

Menge g/ml	Lebensmittel	Energie kJ	Eiweiß g	Fett g	Kohlenhydrate g
40	Brötchen, Semmel, Weizen	426	3	1	20
50	Roggenvollkornbrot	428	4	1	21
20	Butter	620	+	17	0
1 Stück	Hühnerei	370	7	6	1
30	Doppelrahmfrischkäse	497	5	11	1
50	Schinken, gekocht	553	10	10	+
20	Konfitüre	224	+	0	13
500	Tee, schwarzer	0	0	0	0
Istzufuhr 1. Frühstück		**3 118**	**29**	**46**	**56**
50	Zartbitterschokolade	1 070	5	17	20
Istzufuhr 2. Frühstück		**1 070**	**5**	**17**	**20**
150	Schweineschnitzel	653	32	3	+
10	Maiskeimöl	370	0	10	0
150	Pommes frites	1 650	6	20	47
250	Brokkoli	263	8	+	8
75	Eiscreme	671	3	9	16
30	Schlagsahne	381	1	9	1
Istzufuhr Mittagessen		**3 988**	**50**	**51**	**72**
50	Kartoffelchips	1 180	3	20	21
330	Cola-Getränk	611	0	0	36
Istzufuhr Nachmittag		**1 791**	**3**	**20**	**57**
40	Roggenmischbrot	362	2	+	18
50	Roggenvollkornbrot	428	4	1	21
20	Margarine	594	+	16	0
30	Leberwurst, grob	534	4	12	+
30	Edamer Käse, 45% Fett i. Tr.	443	7	8	1
70	Tomate	49	1	+	2
500	Kräutertee	0	0	0	0
Istzufuhr Abendbrot		**2 410**	**18**	**37**	**42**
Gesamt-Istzufuhr		**12 377**	**105**	**171**	**247**
Gesamt-Sollzufuhr		**12 200**	**108**	**99**	**395**

3. Welche Nährstoffe nimmt Michael König   **6 PKT**

a) zu viel auf? <u>Er nimmt zu viel Fett auf</u> .

b) zu wenig auf? <u>Er nimmt zu wenig Kohlenhydrate auf</u> .

4. Drucken Sie den Tageskostplan aus.   **7 PKT**

5. Michael König ist 180 cm groß und wiegt 60 kg.   **8 PKT**

Berechnen und beurteilen Sie den BMI von Michael König.

Michael König hat einen BMI von <u>18,5</u> . Er hat <u>Normalgewicht</u> .

6. Schreiben Sie die Lösungen der Aufgaben 1, 3 und 5 in ein Word-Dokument und drucken Sie dieses aus.   **20 PKT**

7. Erstellen Sie einen Ordner tageskostplan.   **15 PKT**

Speichern Sie das Word-Dokument und die Nährwertberechnung des Tageskostplans in dem Ordner.

D: Arbeiten mit dem Nährwertprogramm

Aufgaben:

1. Ermitteln Sie die Energiezufuhr, Eiweißzufuhr, Fettzufuhr und Kohlenhydratzufuhr, die Michael König mit dem Mittagessen aufnehmen soll bei der Einnahme von sechs Mahlzeiten. Michael König ist 18 Jahre alt, PAL-Wert 1,6.   **8 PKT**

Mittagessen Sollzufuhr: _____ kJ Energie _____ g Eiweiß

_____ g Fett _____ g Kohlenhydrate

2. Berechnen Sie das folgende Mittagessen – Dinkelpfannkuchen und Salat – für Michael König.   **25 PKT**

Menge g/ml	Lebensmittel	Energie kJ	Eiweiß g	Fett g	Kohlenhydrate g
4	Butter				
55	Grünkern/Dinkel, Vollkorn				
125	Vollmilch, 3,5 % Fett				
20	Hühnereidotter, mittelgroß, Stück				
30	Hühnereiklar, mittelgroß, Stück				
10	Butter				
80	Äpfel, frisch				
75	Salatgurke				
70	Tomate				
120	Paprika, grün oder gelb				
50	Rettich				
10	Olivenöl				
10	Essig				
40	Feta, Schafskäse, 45 % Fett i. Tr.				
250	Apfelsaft				
Istzufuhr					
Sollzufuhr					

3. Welche Nährstoffe nimmt Michael König   **5 PKT**

a) zu viel auf? _____ .

b) zu wenig auf? _____ .

4. Drucken Sie die Berechnung für das Mittagessen aus.   **6 PKT**

5. Ermitteln Sie die eiweißreichen und eiweißarmen Lebensmittel. Ordnen Sie die Lebensmittel nach dem Alphabet.   **21 PKT**

Eiweißreiche Lebensmittel	Eiweißarme Lebensmittel

6. Schreiben Sie die Lösungen der Aufgaben 1, 3 und 5 in ein Word-Dokument und drucken Sie dieses aus.   **20 PKT**

7. Fügen Sie in das Word-Dokument ein Textfeld und eine passende Grafik ein.   **15 PKT**

D: Arbeiten mit dem Nährwertprogramm – Lösung

Aufgaben:

1. Ermitteln Sie die Energiezufuhr, Eiweißzufuhr, Fettzufuhr und Kohlenhydratzufuhr, die Michael König mit dem Mittagessen aufnehmen soll bei der Einnahme von sechs Mahlzeiten. Michael König ist 18 Jahre alt, PAL-Wert 1,6.   8 PKT

   Mittagessen Sollzufuhr: 3 660   kJ Energie   32   g Eiweiß

   30   g Fett   118   g Kohlenhydrate

2. Berechnen Sie das folgende Mittagessen – Dinkelpfannkuchen und Salat – für Michael König.   25 PKT

Menge g/ml	Lebensmittel	Energie kJ	Eiweiß g	Fett g	Kohlenhydrate g
4	Butter	124	+	3	0
55	Grünkern/Dinkel, Vollkorn	756	6	2	35
125	Vollmilch, 3,5 % Fett	388	5	5	6
20	Hühnereidotter, mittelgroß, Stück	300	3	6	1
30	Hühnereiklar, mittelgroß, Stück	70	4	+	+
10	Butter	310	+	8	0
80	Äpfel, frisch	168	+	+	10
75	Salatgurke	41	1	+	2
70	Tomate	49	1	+	2
120	Paprika, grün oder gelb	84	1	+	4
50	Rettich	28	1	+	1
10	Olivenöl	370	+	10	0
10	Essig	2	+	0	+
40	Feta, Schafskäse, 45 % Fett i. Tr.	418	7	8	+
250	Apfelsaft	513	+	+	30
Istzufuhr		**3 621**	**29**	**42**	**91**
Sollzufuhr		**3 660**	**32**	**30**	**118**

3. Welche Nährstoffe nimmt Michael König   5 PKT

   a) zu viel auf? Michael König nimmt zu viel Fett auf .

   b) zu wenig auf? Michael König nimmt zu wenig Kohlenhydrate auf .

4. Drucken Sie die Berechnung für das Mittagessen aus.   6 PKT

5. Ermitteln Sie die eiweißreichen und eiweißarmen Lebensmittel. Ordnen Sie die Lebensmittel nach dem Alphabet.   21 PKT

Eiweißreiche Lebensmittel	Eiweißarme Lebensmittel
Brötchen	Banane
Ei	Bohnen
Erdnüsse	Bonbons
Fleisch	Brokkoli
Forelle	Butter
Hähnchen	Möhre
Käse	Obstkuchen
Linsen	Schlagsahne
Milch	
Müsli	
Speisequark	
Vollkornnudeln	
Vollkornreis	

6. Schreiben Sie die Lösungen der Aufgaben 1, 3 und 5 in ein Word-Dokument und drucken Sie dieses aus.   20 PKT

7. Fügen Sie in das Word-Dokument ein Textfeld und eine passende Grafik ein.   15 PKT

Arbeiten mit PowerPoint

In Ihrem Betrieb erhalten Sie den Auftrag, eine PowerPoint-Präsentation zu erstellen, durch die Besucher Ihren Betrieb kennenlernen können.

Arbeitsauftrag:

1. Erstellen Sie eine PowerPoint-Präsentation zum Thema **Mein Betrieb**.

1.1 Auf die erste Folie schreiben Sie den Namen Ihres Betriebs.   10 PKT

1.2 Auf der zweiten Folie beschreiben Sie die Lage, die Anfahrt zu Ihrem Betrieb.   15 PKT

1.3 Auf die dritte Folie schreiben Sie fünf typische Angaben zu Ihrem Betrieb.   10 PKT

1.4 Auf der vierten Folie erstellen Sie den Tagesablauf (der Bewohner/Gäste) in Ihrem Betrieb in Form eines Kreislaufdiagramms.   25 PKT

1.5 Auf die fünfte Folie schreiben Sie einen Schlusssatz für Ihre Präsentation.   10 PKT

1.6 Gestalten Sie alle fünf Folien mit einem Hintergrund. Achten Sie auf eine ausreichende Schriftgröße und Farbkontrast.   10 PKT

1.7 Gestalten Sie die Übergänge zwischen den Folien.   10 PKT

2. Speichern Sie Ihre Präsentation unter dem Dateinamen *mein betrieb* und drucken Sie sie aus.   5 PKT

3. Senden Sie Ihre Präsentation im Anhang einer E-Mail an _____.   5 PKT

Erlebnisurlaub pur
im Haus Sonnenschein

Anmerkung: Die E-Mail-Adresse in der 3. Aufgabe muss ergänzt werden!

Bildquellenverzeichnis 4809

A
Adolph-Reichwein-Schule, Limburg:
S. 53/4

B
Berufskolleg Lise Meitner, Ahaus: S. 83/2
Bildarchiv Jugendherberge Juist,
Die JugendHerbergen GmbH, Bremen:
S. 83/1

D
dpa Picture-Alliance GmbH, Frankfurt
a. M.: S. 83/5 (BSIP), 6 (ZB-Fotoreport)

G
Gay, Claude-Bernard, Hamburg: S. 80; 93

J
Jugendgästehaus Hauptbahnhof,
Berlin: S. 83/4

K
Krüper, Werner, Steinhagen: S. 82

M
mauritius images, Mittenwald: S. 83/3
(age)

N
Neve, Katrin, Schleswig: S. 51; 52/2;
53/2, 3
newVISION!grafikdesign, Pattensen,
www.newVISION-design.de: S. 100

P
Pressefoto-Seydel, Mayen: S. 39

S
Schlieper, Cornelia A., Kiel: Umschlag-
foto; Nährwertprogramm erleben und
lernen (HT 44951), Hamburg: S. 60–62,
64, 66–70, 74; 52/1; 53/1; 71; 79; 84

V
Verlag Handwerk und Technik GmbH,
Hamburg: S. 40; 41/2; 59; 88; 92

W
WEB.DE GmbH, München: S. 55; 56
www.google.de: S. 39; 57; 65
www.mozilla.org, SeaMonkey:
S. 87–91; 94

Umschlaggestaltung nach Idee von Cornelia A. Schlieper, Kiel
Seitenaufbau und Bildschirmdarstellungen: Cornelia A. Schlieper, Kiel
Nachdruck der Microsoft Word 2010 und Microsoft PowerPoint 2010 Screenshots mit freundlicher Erlaubnis der
Microsoft Corporation (S. 7–54; 77–86).
Watzlawick, Paul: Anleitung zum Unglücklichsein; © Piper Verlag GmbH, München, 1983, S. 17
Loriot: Das Frühstücksei; Copyright © 2003 Diogenes Verlag AG, Zürich, S. 96